LA PICCOLA 102

ISBN 978-88-469-2187-1

via Catania 62, 98124 Messina

seguici su:

www.mesogea.it

Edizioni Mesogea Culture Mediterranee

edizionimesogea

Minnena : l'Egitto, l'Europa e la ricerca dopo l'assassinio di Giulio Regeni / a cura di Lorenzo Casini, Daniela Melfa, Paul Starkey. -
Messina : Mesogea, 2020.
(La piccola ; 102)
ISBN 978-88-469-2187-1
1. Egitto – Relazioni internazionali [con l'] Italia – 2011-2019 – Casi [:] Regeni, Giulio.
I. Casini, Lorenzo <1974->. II. Melfa, Daniela <1972->.
III. Starkey, Paul <1947->.
327.56045 CDD-23 SBN Pal0321529

CIP – Biblioteca centrale della Regione siciliana "Alberto Bombace"

Minnena

L'Egitto, l'Europa e la ricerca dopo l'assassinio di Giulio Regeni

a cura di Lorenzo Casini, Daniela Melfa, Paul Starkey

MESOGEA

Lorenzo Casini, Daniela Melfa, Paul Starkey

INTRODUZIONE

Minnena nasce dalla collaborazione fra tre storiche società di studio europee che da decenni promuovono la ricerca sull'Africa e il Medio Oriente: la Società per gli studi sul Medio Oriente (Sesamo), la British society for Middle Eastern Studies (Brismes), e l'Associazione di studi africani in Italia (Asai). Dopo l'assassinio di Giulio Regeni, dottorando di ricerca presso l'Università di Cambridge, la situazione sociopolitica dell'Egitto e la ricerca nel contesto mediorientale sono state oggetto in Italia di un pubblico dibattito, non sempre affrontato con le necessarie competenze, che ha avuto una grande eco sulla stampa e ha fortemente coinvolto l'opinione pubblica. Con questo volume, le tre società di studio prendono la parola, con approccio scientifico e linguaggio non specialistico, per offrire un contributo di approfondimento. I temi trattati dal libro toccano molte delle questioni affrontate nel corso delle giornate di studio internazionali *Research for Giulio Regeni/La ricerca per Giulio Regeni*, svoltesi presso l'Università degli studi di Messina e l'Università degli studi di Catania il 10 e 11 maggio 2018: la natura del regime di Abdel Fattah al-Sisi, la politica estera italiana verso l'Egitto, il ruolo del sindacalismo indipendente egiziano, l'eredità culturale della rivoluzione del 2011, le reazioni in Italia e nel Regno Unito a seguito dell'uccisione del ricercatore italiano.

Forti del bagaglio accumulato in anni di studio, ma anche del monitoraggio dell'area mediorientale e di una solida rete di contatti, studiosi di diverse discipline propongono una riflessione che intende andare al di là delle risposte semplici e alla mano proprie del senso comune.[1] Lo sguardo analitico dello specialista risulta ancora più penetrante perché sostenuto dal lavoro sul campo, da un *modus operandi* che riserva spazio al punto di vista dell'altro, a visioni decentrate e a interpretazioni contestualizzate, da un *ethos* attento all'umano al di là dei fenomeni studiati. Quest'opzione metodologica non è accantonata nelle situazioni di conflitto o di crisi, come rivela l'esempio illustre del sociologo Pierre Bourdieu che, poco più che ventenne, raccolse dati e scatti fotografici nel corso della guerra di liberazione algerina (1954-1962).[2]

---

[1] Per la nozione di 'senso comune' si veda: Antonio Gramsci, *Il materialismo storico e la filosofia di Benedetto Croce*, Antonio Gramsci, *Il materialismo storico e la filosofia di Benedetto Croce*, 8ª ediz., Einaudi, Torino 1966, p. 25..

[2] Pierre Bourdieu, *In Algeria. Immagini dello sradicamento*, a cura di Franz Schultheis-Christine Frisinghelli-Andrea Rapini, trad. it. di Anna Boschetti-Silvia Modena, Carocci, Roma 2012.

In dialetto egiziano il titolo significa 'parte di noi' ma si utilizza anche per una dedica, per indicare i mittenti di un messaggio o di un presente, come equivalente dell'espressione italiana 'da parte nostra'. Queste diverse sfumature condensano appieno lo spirito del libro. La parola *minnena* richiama anzitutto i legami che lo studioso intesse non soltanto con i colleghi (la comunità scientifica), ma anche con il cosiddetto 'oggetto di studio'. In altri termini, essa descrive il rapporto profondo, intimo, che lega gli autori ai contenuti di queste pagine. Per anni, molti di loro hanno svolto ricerche su specifici aspetti della società, della politica e della letteratura egiziana, e in Egitto hanno instaurato collaborazioni scientifiche ma anche stretto legami affettivi e sviluppato un forte senso di empatia con le sofferenze e le speranze di chi vive nel Paese. *Minnena* è altresì una presa di parola da parte di ricercatori, intellettuali impegnati (benché oggigiorno bistrattati) e convinti che gli specialismi siano una risorsa della nostra società. L'iniziativa e ogni parola di questo lavoro sono dedicate a tutti coloro che in Egitto e fuori dall'Egitto hanno sofferto e continuano a soffrire la violenza del regime.

Il libro si articola in tre parti. La prima, *Repressione e ragion di Stato*, si apre con il capitolo di Elisabetta Brighi che tratta della politica estera dell'Italia verso l'Egitto prima e dopo l'uccisione di Giulio Regeni. La tesi di fondo di questo capitolo è che il caso Regeni sia stato particolarmente difficile da gestire per la diplomazia italiana perché in oggettiva controtendenza rispetto al progressivo riavvicinamento tra i due Paesi, voluto soprattutto dall'Italia a dispetto della deriva antidemocratica e controrivoluzionaria affermatasi in seguito all'ascesa di al-Sisi. Nell'argomentare questa tesi, Brighi problematizza alcuni assunti che il senso comune dà spesso per scontati, come la nozione di 'interesse nazionale' o il rapporto tra politica estera e democrazia. Nel secondo capitolo, Gilbert Achcar esamina il regime di Abdel Fattah al-Sisi nel contesto di una spinta controrivoluzionaria più generale iniziata in Siria nella primavera del 2013 e presto estesasi a vari Paesi della regione. L'analisi di Achcar mette in luce un salto di qualità nelle politiche repressive del nuovo regime egiziano, il cui 'autoritarismo illiberale' viene letto anche alla luce delle politiche economiche antipopolari da esso implementate. L'ultimo capitolo di questa prima parte inizia con il resoconto di Teresa Pepe della sua ricerca sul campo in Egitto in ambito socioletterario. Nel corso di questa ricerca, lo scrittore Ahmed Nàgi, di cui Pepe si stava interessando, è stato denunciato, processato e arrestato per i contenuti letterari di un suo romanzo. Attraverso il caso di Ahmed Nàgi, il capitolo riflette sulla repressione esercitata in ambito culturale e letterario in particolare contro la generazione di giovani cosmopoliti protagonisti della rivoluzione del 2011.

La seconda parte, *Resistenza e cambiamento,* documenta in una prospettiva di medio-lungo periodo le forme di mobilitazione sociale e di creatività letteraria che, iniziate ben prima del 2010-2011 e proseguite dopo la controrivoluzione, hanno raggiunto l'apice nella fase rivoluzionaria. Questa sezione si apre con due capitoli relativi al movimento dei lavoratori e al sindacalismo indipendente in Egitto, temi che dopo il 2011 hanno richiamato l'attenzione di tanti ricercatori in tutto il mondo e non solo quella di Giulio Regeni. Nel primo capitolo, Gianni Del Panta esamina il ruolo centrale del movimento operaio nel processo rivoluzionario egiziano, dai giorni del febbraio 2011 che hanno preceduto la caduta di Mubarak, al pieno dispiegarsi della controrivoluzione di al-Sisi. Nel quadro delle politiche di austerità perseguite dal regime, l'impossibilità di utilizzare 'la carota' con i lavoratori si è risolta in un ricorso senza precedenti alla repressione e alla criminalizzazione del movimento operaio. Come mostra il successivo capitolo di Francesco De Lellis, la rivoluzione egiziana ha avuto una ripercussione anche nelle campagne, dove sono avvenute significative esperienze di occupazione e autogestione delle terre. Nel corso del 2011 e del 2012 molti attivisti di Organizzazioni non governative (Ong) locali che già supportavano le rivendicazioni contadine, si sono adoperati a organizzare sindacati indipendenti che spesso però non sono riusciti a sopravvivere alla repressione seguita al colpo di Stato del 2013. Le esperienze di mobilitazione e autogestione dei contadini poveri e degli abitanti rurali rimangono un patrimonio politico che difficilmente potrà essere rimosso dal sistema autoritario del potere. Questa seconda parte si conclude con il capitolo di Maria Elena Paniconi dedicato alle distopie nel romanzo egiziano attuale, e in particolare a un'analisi de *La fila* di Basma Abdel Aziz, uscito nel

2018 in traduzione italiana. Paniconi mostra come la letteratura distopica egiziana degli ultimi anni sia stata uno strumento di analisi dei processi politici in corso attraverso il quale gli autori sono spesso arrivati a preconizzare gli sviluppi del futuro prossimo. Le distopie urbane, in particolare, hanno tradotto in *plot* il timore o il sentore della perdita degli spazi materiali e simbolici 'liberati' nel corso della rivoluzione.

I due capitoli della terza parte del libro, *La reazione in Europa*, prendono in esame le reazioni all'assassinio di Giulio Regeni in Italia e nel Regno Unito. Nel primo contributo, Paul Starkey ricostruisce in dettaglio le principali reazioni nel Regno Unito da parte della stampa, del governo e del mondo accademico. Dal contributo si evince anche come il caso abbia rappresentato uno spartiacque nella ricerca sul campo in Medio Oriente e abbia portato le istituzioni accademiche a interrogarsi sul loro ruolo in relazione alle istituzioni politiche. Mariavita Cambria, infine, nell'ultimo capitolo, prende in esame le reazioni dei lettori agli articoli pubblicati sul caso Regeni nella stampa italiana e britannica. I commenti online agli articoli della stampa hanno contribuito in modo determinante ad alimentare specifici immaginari, spesso fuorvianti, sull'Egitto, il Medio Oriente e la natura della ricerca sul campo, che hanno reso ancora più urgente la pubblicazione di questo volume.

Minnena è frutto di un confronto e di un lavoro collettivi che vanno ben oltre gli autori che hanno partecipato alla stesura del libro. Momento centrale di questo confronto sono state le giornate di studio, prima menzionate, *Research for Giulio Regeni/La ricerca per Giulio Regeni*. Desideriamo qui ringraziare tutti gli studenti, i colleghi e i relatori che hanno partecipato a queste giornate di studio e in particolar modo i membri del comitato scientifico e organizzativo, le università di Catania e Messina che hanno co-finanziato e ospitato l'evento, e le tre società di studio che lo hanno promosso: la Società per gli studi sul Medio Oriente, la British society for Middle Eastern Studies e l'Associazione di studi africani in Italia. Nonostante il rischio di far torto a qualcuno, non possiamo fare a meno di menzionare quattro persone che in modo diverso sono state imprescindibili perché questo libro vedesse la luce: Mirella Cassarino, Francesco Correale, Gennaro Gervasio e Giuseppe Maimone.

REPRESSIONE E RAGION DI STATO

Elisabetta Brighi

ILLUSIONI DI DEMOCRAZIA, ILLUSIONI DI STABILITÀ: LA POLITICA ESTERA DELL'ITALIA VERSO L'EGITTO ALLA LUCE DEL CASO DI GIULIO REGENI

Durante il capitolo greco della crisi dell'Eurozona, nel luglio 2015, l'allora presidente del Consiglio Matteo Renzi venne intervistato dall'emittente qatariana *Al Jazeera* sulle questioni internazionali più importanti del momento, inclusa la situazione in Medio Oriente. In un particolare passaggio dell'intervista, a Renzi fu chiesto un parere sulla questione della repressione della libertà di stampa in Egitto, una questione che ad *Al Jazeera* stava particolarmente a cuore visto il recente arresto di tre giornalisti dell'emittente accusati di terrorismo dal regime di al-Sisi. A questa domanda, il primo ministro rispose:

> Credo al-Sisi sia un grande leader. [...] La posizione dell'Egitto è assolutamente cruciale nel quadro mediterraneo ed eleggendo al-Sisi alla leadership del paese, l'Egitto ha investito sul suo futuro. [...] L'Egitto sarà salvato solo dalla leadership di al-Sisi e io sono orgoglioso della mia amicizia con il generale. [...] Senza l'Egitto, nel Mediterraneo nessuna pace è possibile.

Renzi pronunciava queste parole a circa due anni dal massacro di Rabaa[1], quando le forze di sicurezza del neoeletto regime di al-Sisi soppressero nel sangue le proteste popolari contro la deposizione del presidente Mohammed Morsi, e ad appena un anno dall'incarcerazione sommaria della leadership del movimento dei Fratelli Musulmani, fatti su cui il presidente del Consiglio decise di non soffermarsi durante l'intervista. Solo sei mesi più tardi, un giovane ricercatore italiano sarebbe stato sequestrato, torturato e ucciso al Cairo. Il suo nome era Giulio Regeni.

Il caso Regeni s'inserisce nella parabola delle relazioni tra l'Italia e l'Egitto come uno snodo fondamentale e particolarmente critico. La sua criticità consiste non soltanto nel fatto che abbia causato occasioni di frizione tra i due Paesi, ma nel come, piuttosto, sia stato rivelatore di alcuni importanti dilemmi e punti d'ombra della politica estera italiana *tout court*, e in particolare verso il Mediterraneo e il Medio Oriente. Questo mio contributo cercherà dunque di gettare luce su entrambe le questioni. Nella prima parte illustrerò l'evoluzione della politica estera dell'Italia nei confronti dell'Egitto prima, durante e dopo il 3 febbraio 2016, data del ritrovamento del corpo di Giulio. La tesi di fondo è che il caso Regeni sia stato particolarmente scomodo da gestire per la diplomazia italiana perché in oggettiva controtendenza rispetto al

---

1 [*N.d.C.*] dal nome dell' omonima piazza: *Rabaa al-Adawiyya*.

progressivo riavvicinamento tra i due Paesi, voluto soprattutto dall'Italia a dispetto della deriva antidemocratica e controrivoluzionaria affermatasi in seguito all'ascesa di al-Sisi. Il corpo di Giulio non poteva che mettere in mostra, dunque, quello su cui la politica estera italiana aveva deliberatamente cercato di sorvolare nei precedenti tre anni, ossia il contesto nel quale il riavvicinamento tra i due Paesi era stato perseguito e il costo di questa politica, in termini di standard democratici, diritti e vite umane. Nella seconda parte, invece, affronterò tre questioni di carattere più analitico e di rilievo non solo per l'Italia e per il caso Regeni, ma salienti anche per altri Paesi europei impegnati nel mantenere relazioni con Paesi come l'Egitto in un contesto internazionale e interno particolarmente complesso. Le tre questioni riguardano la categoria di 'interesse nazionale', e come questo venga articolato tra interessi particolari e interessi collettivi; i dilemmi strategici che derivano, da un lato, dalla tensione tra breve e lungo periodo e, dall'altro, dalle asimmetrie di potere e di legittimità tra Stati democratici e non democratici; e, infine, la questione di cosa possa, o debba, essere una politica estera genuinamente democratica. Riflettere criticamente su queste tre questioni offre la possibilità di leggere il caso Regeni alla luce dei più ampi processi e contraddizioni che attraversano Paesi come l'Italia nella congiuntura internazionale contemporanea, non da ultimo nel loro esercizio di politica estera.

La politica estera italiana verso l'Egitto prima e dopo il caso Regeni

Il Mediterraneo e il Medio Oriente hanno storicamente rappresentato un importante 'cerchio' della politica estera italiana.[2] L'Egitto in particolare ha svolto e ancora svolge un ruolo importante nel perimetro di politica estera del Paese e gli anni trascorsi dall'omicidio Regeni non hanno fatto che confermare questo dato di fondo.[3]

Il colpo di Stato del luglio 2013, che depose Mohammed Morsi e che aprì la strada all'ascesa di Abdel Fattah al-Sisi come presidente dell'Egitto nel maggio 2014, fu ricevuto in un primo momento con timore dall'allora governo di Enrico Letta. Riecheggiando la posizione dell'Ue espressa nel Consiglio affari esteri e dall'alto rappresentante per gli Affari esteri, Cathy Ashton, l'allora

---

[2] Per uno sguardo di lunga durata sulla politica estera nel Mediterraneo e nel Medio Oriente, si veda: Carlo M. Santoro, *La politica estera di una media potenza: l'Italia dall'Unità ad oggi*, Il Mulino, Bologna 1991; Elisabetta Brighi, *Foreign policy, domestic politics and international relations: the case of Italy*, Routledge, London-New York 2013; Raffaella A. Del Sarto-Nathalie Tocci, *Italy's politics without policy: Balancing Atlanticism and Europeanism in the Middle East*, «Modern Italy», XIII, 2 (2008), pp. 135-53.

[3] Una più ampia disamina delle relazioni tra Egitto e Italia si trova in: Elisabetta Brighi-Marta Musso, *L'Italia nel Medio Oriente e nel Mediterraneo: gli sviluppi nelle relazioni con Egitto e Libia*, in Alessandro Chiaramonte-Alex Wilson (a cura di), *Politica in Italia. I fatti dell'anno e le interpretazioni*, Il Mulino, Bologna 2017, da cui questa sezione trae spunto.

ministro degli Esteri italiano Emma Bonino dichiarò che l'Italia sosteneva una transizione politica pacifica e inclusiva in Egitto, nella quale partiti islamici come i Fratelli Musulmani potessero avere un ruolo importante. Tuttavia, i successivi governi di Matteo Renzi, Paolo Gentiloni e Giuseppe Conte hanno dimostrato un sostegno molto più ampio e incondizionato nei confronti del governo di al-Sisi, al punto che i due Paesi hanno assistito a uno straordinario riavvicinamento politico e strategico nel corso degli ultimi anni. Paradossalmente, questo processo di riavvicinamento si è sviluppato proprio in parallelo all'intensificarsi della controrivoluzione di al-Sisi in Egitto: più dura la repressione in Egitto, più stretti sono diventati i rapporti con l'Italia. I fronti del riavvicinamento italo-egiziano tra il luglio 2013 e il febbraio 2016 sono stati sostanzialmente quattro: commerciale, politico-diplomatico, strategico-militare, e migratorio.

Dal punto di vista commerciale, negli ultimi anni l'Italia è diventata il secondo partner commerciale e politico dell'Egitto in Europa, e il quarto al mondo dopo Stati Uniti, Cina e Germania.[4] La collaborazione commerciale tra i due Paesi riguarda una vasta gamma di settori, che spazia dall'edilizia al turismo. Tuttavia, tra questi, il settore energetico è da annoverare come di gran lunga il più importante.

---

[4] Crispian Balmer, *Few options for Italy as it pressures Egypt over murdered student*, «Reuters», 12 aprile 2016.

L'Italia è uno storico importatore di energia, date le quantità molto limitate di carbone, petrolio e gas in suo possesso e la mancanza di energia nucleare. Il petrolio, in particolare, è sempre stato considerato un 'nervo vitale' per il sistema economico italiano, come ebbe a dire uno dei leader più importanti dell'Egitto moderno, Gamal Abdel Nasser. Da un lato, l'Italia è tra le nazioni importatrici più rilevanti per l'Egitto, con petrolio e gas tra i prodotti più significativi.[5] Dall'altro lato, l'Egitto è diventato negli ultimi anni uno dei principali bacini di produzione dell'Eni, la più importante azienda italiana di petrolio e gas. Nel marzo 2015 l'Eni e il governo egiziano hanno firmato un accordo per un investimento di cinque milioni di dollari destinato a sviluppare risorse minerali egiziane e a fronteggiare le carenze energetiche dell'Egitto. A questo è seguita la scoperta di due enormi giacimenti di gas *offshore* sulla costa egiziana. Il giacimento di gas naturale Zohr scoperto dall'Eni nell'agosto 2015 rappresenta il più grande bacino di gas nel Mediterraneo e uno dei più grandi al mondo. Nel giugno 2016 l'Eni poi annunciò la scoperta del più piccolo ma sempre significativo giacimento di gas di Baltim South West; un annuncio che è stato accompagnato da dichia-

[5] Nel 2014 l'Egitto ha esportato un totale di 3,28 miliardi di dollari all'Italia (il 9% delle sue esportazioni), dei quali 1,72 miliardi in idrocarburi: più del 50% dell'esportazione totale all'Italia. Si veda: Brighi-Musso, *L'Italia nel Medio Oriente e nel Mediterraneo...*, cit., p. 84.

razioni sull'impegno a creare un *hub* di gas nel Mediterraneo occidentale.[6]

Se sul fronte commerciale ed energetico si è assistito a un forte riavvicinamento tra Egitto e Libia, sul fronte strategico-diplomatico l'Italia ha di fatto assegnato all'Egitto negli ultimi cinque anni il ruolo di garante della stabilità nel Mediterraneo e nel Medio Oriente. Modulandosi sulle direttive stabilite a Washington e appoggiate a Berlino e a Parigi, il governo Renzi ha conferito all'Egitto un grande valore strategico, considerandolo come un tassello importante nel mosaico strategico del Medio Oriente, sia per il suo continuo ruolo di mediazione nel conflitto arabo-israeliano che, specialmente, per il suo impegno alla lotta contro il terrorismo islamista. Come disse Renzi durante la conferenza di Sharm El-Sheikh nel 2015: «la vostra guerra è la nostra guerra; la vostra stabilità è la nostra stabilità».[7] Questo ravvicinamento si è inserito nella strategia annunciata dal ministro degli Esteri italiano Paolo Gentiloni riguardo alla 'svolta mediterranea' dell'Italia, con la quale il Paese si è impegnato a ricoprire il ruolo di avanguardia dell'Ue e della Nato, soprattutto attraverso *partnership* bilaterali con paesi come l'Egitto.[8]

---

[6] Si veda, per maggior contesto: Nicolò Sartori, *La politica energetica*, in Ettore Greco-Natalino Ronzitti (a cura di), *Rapporto sulla politica estera italiana: il governo Renzi*, Nuova Cultura, Roma 2016, pp. 65-69.

[7] Jack Shenker, *The future of the Egyptian revolution*, «The Guardian», 16 gennaio 2016.

[8] Paolo Gentiloni, *Pivot to the Mediterranean. Understanding the*

Al sostegno politico-diplomatico dell'Italia all'Egitto si è affiancata anche una cooperazione strategica e militare sempre più stretta. L'Italia ha appoggiato la lotta dell'Egitto contro lo Stato islamico firmando un nuovo accordo di difesa comune nel gennaio 2015, e incrementando la vendita di equipaggiamenti militari al paese dal 2016, incluse armi di piccolo calibro e software di sorveglianza.[9] Come alcune ricerche hanno dimostrato, le forniture di armi e software sono state spesso utilizzate dal regime di al-Sisi per la repressione interna, secondo una definizione di antiterrorismo che ha equiparato dissidenti politici a nemici dell'ordine pubblico e 'terroristi'.[10] È da notare che questa stretta collaborazione tra Italia ed Egitto nel settore militare e di polizia continua a cozzare contro la sospensione dei trasferimenti di armi all'Egitto che vige in tutta l'Ue dal 2013, in risposta alla strage di Rabaa. In questo, però, l'Italia non è sola. Altri Paesi, come la Francia, hanno similmente disatteso questa decisione.

Nel campo delle migrazioni, infine, l'Italia e l'Egitto

Region's Global Significance, «Foreign Affairs», 28 maggio 2015.

[9] Antonio Pitoni, *Egitto, L'Italia dà via libera a vendita di software-spia. Nonostante il caso Regeni. Bocciata Hacking Team, ok ad Area spa*, «Il Fatto Quotidiano», 28 giugno 2016, https://www.ilfattoquotidiano.it/2016/06/28/egitto-italia-da-via-libera-a-vendita-di-software-spia-nonostante-il-caso-regeni-bocciata-hacking-team-ok-ad-area-spa/2863805/.

[10] Hélène Michou-Stefano Torelli, *Common Interests and Different Visions: Policy Implications for EU and Italy*, in Stefano Torelli (a cura di), *The Return of Egypt: Internal Challenges and Regional Game*, Ispi, Milano 2015, pp. 97-116.

hanno aumentato la loro collaborazione in maniera bilaterale e multilaterale. In modo bilaterale, a partire dalla riunione tenutasi nell'ottobre 2015 tra il ministro egiziano per l'Immigrazione e l'ambasciatore italiano in Egitto, Roma ha sostenuto con particolare forza i tentativi del Cairo di tenere a freno l'immigrazione illegale verso l'Italia.[11] In modo multilaterale, l'Egitto ha preso parte con entusiasmo al Processo di Khartoum, varato sotto la presidenza italiana dell'Ue nel 2014 con l'obiettivo di coordinare i Paesi del Mediterraneo e dell'Africa da cui i migranti provengono o in cui transitano. L'Egitto è uno di questi Paesi: i profughi che fuggono dalla Siria passano attraverso l'Egitto nel tragitto verso la Libia, e da lì verso le coste italiane. La cooperazione in questo ambito è stata valorizzata dall'Italia e di fatto dall'intera Ue, la quale sta ora cercando di firmare un patto con l'Egitto sull'immigrazione simile a quello controverso firmato con la Turchia.

Se, dunque, dal 2013 al 2016 la collaborazione tra Egitto e Italia si intensificò in un numero sempre crescente di settori, a prescindere dagli sviluppi interni all'Egitto, i fatti del gennaio-febbraio 2016 segnarono un (temporaneo) punto di arresto e, allo stesso tempo, un episodio rivelatore delle basi sulle quali il rapporto tra i due Paesi si era consolidato.

---

[11] Elif Cetin, *The Italian left and Italy's (evolving) foreign policy of immigration controls*, «Journal of Modern Italian Studies», 20, 3 (2015), pp. 377-97.

In una prima fase, la scomparsa, tortura e assassinio di Giulio Regeni non solo scosse l'opinione pubblica, come altri contributi in questo volume illustrano, ma provocò chiare reazioni politiche accompagnate da precise scelte di *policy*. Così, l'8 aprile 2016 il governo italiano decise di richiamare il proprio ambasciatore al Cairo, Maurizio Massari, in replica a una serie di teorie contorte e poco plausibili avanzate dal governo egiziano sulla morte di Regeni. Il richiamo dell'ambasciatore voleva inviare un chiaro segnale alla comunità internazionale rispetto all'impossibilità di far proseguire le normali relazioni tra i due Paesi in mancanza di un accertamento della verità. Circa due mesi dopo, inoltre, il Parlamento decise di fermare la vendita di alcune attrezzature militari al Cairo in seguito alla riluttanza egiziana a far progredire l'inchiesta giudiziaria, all'epoca appena partita e tutt'ora ancora in corso.

Se queste prime misure sottolineavano un crescente disappunto politico, i provvedimenti che seguirono dalla fine del 2016 assunsero un segno opposto: nel medio e lungo periodo, l'effetto fu quello di restaurare se non addirittura rafforzare ulteriormente la *partnership* tra Italia ed Egitto. Le visite ufficiali di vari ministri egiziani, tra cui quello del Turismo Mohammed Yehia Rashed nell'ottobre 2016, furono il primo segnale che l'Italia non aveva del tutto chiuso la porta all'Egitto.[12] Agli annunci di nuovi investimenti dell'Eni per l'esplorazione

---

12 Si veda, inoltre: Matteo Civillini, *L'Italia ha continuato a vendere*

di nuovi bacini, come quello di Noor, seguirono dichiarazioni ufficiali tese a ribadire un *inevitabile* riavvicinamento, come quelle dell'allora ministro degli Esteri Angelino Alfano in parlamento nel settembre 2018, che promosse l'Egitto al rango di *partner ineludibile.*[13] Nella relativa disattenzione dei media e nel deliberato tentativo di minimizzare ogni reazione ostile da parte dell'opinione pubblica, il governo Gentiloni concluse definitivamente la parentesi di relativa tensione nei rapporti tra Italia ed Egitto annunciando, nel giorno di Ferragosto 2017, la nomina di Giampaolo Cantini ad ambasciatore italiano in Egitto.[14]

Dal momento dell'insediamento di Cantini, nel settembre 2017, e a dispetto del cambio di governo avvenuto il 1° giugno 2018, sostenuto dalla nuova maggioranza formata da Lega e Movimento 5 stelle, i rapporti tra Italia ed Egitto si sono ufficialmente ristabilizzati sui

---

armi all'Egitto anche dopo l'omicidio di Giulio Regeni, «Vice», 2 settembre 2016, https://news.vice.com/it/article/italia-vendita-armi-egitto-regeni.

[13] Alberto Sofia, *Caso Regeni, Alfano: "Egitto partner ineludibile. Il rapporto non sarà mai un ostacolo alla verità"*, «Il Fatto Quotidiano», 4 settembre 2017, https://www.ilfattoquotidiano.it/2017/09/04/caso-regeni-alfano-egitto-partner-ineludibile-il-rapporto-non-sara-mai-un-ostacolo-alla-verita/3836197/.

[14] Laura Cappon, *Regeni, accademici all'estero: "Il ritorno dell'ambasciatore al Cairo? Realpolitik del governo è codarda e ci mette a rischio"*, «Il Fatto Quotidiano», 16 agosto 2017, https://www.ilfattoquotidiano.it/2017/08/16/regeni-accademici-allestero-il-ritorno-dellambasciatore-al-cairo-realpolitik-del-governo-e-codarda-e-ci-mette-a-rischio/3796820/.

consueti binari, all'aumentare della collaborazione commerciale, strategica e politica tra i due Paesi, si sono solo alternati provvedimenti simbolici di protesta. La sospensione dei rapporti tra il Parlamento italiano e quello egiziano, annunciata nel novembre 2018 e fortemente voluta dal presidente della Camera, Roberto Fico, deve essere interpretata in questo senso.[15] Essa d'altronde cozza con l'atteggiamento di altri esponenti del nuovo governo Conte che, nei suoi primi quaranta giorni, si premurò di organizzare tre visite ufficiali di ministri italiani in Egitto, ricevute dall'Egitto come un segnale di piena distensione.[16] Questa linea politica non si è scalfita neppure davanti alle incarcerazioni sommarie dei collaboratori della famiglia Regeni impegnati nell'inchiesta per la verità sulla morte del figlio, come l'avvocato Ibrahim Metwaly e l'attivista Amal Fathi. Piuttosto, è stata simbolicamente suggellata dal vertice di Palermo sulla Libia del novembre 2018, al quale il presidente al-Sisi ha par-

---

[15] Giuliano Foschini, *Regeni, il Parlamento egiziano risponde a Fico: "La sua è una posizione ingiustificata"*, «La Repubblica», 30 novembre 2018, https://www.repubblica.it/cronaca/2018/11/30/news/regeni_il_parlamento_egiziano_risponde_a_fico_la_sua_e_una_posizione_ingiustificata_-213067002/.

[16] Manuela Perrone, *Di Maio d'Egitto: prima missione estera tra business e caso Regeni*, «Il Sole 24 Ore», 29 agosto 2018, https://www.ilsole24ore.com/art/notizie/2018-08-28/di-maio-d-egitto-prima-missione-estera-business-e-caso-regeni-213600.shtml?uuid=AEESiVgF; Daniele Raineri, *La faccia come il Cairo*, «Il Foglio», 29 agosto 2018, https://www.ilfoglio.it/politica/2018/08/29/news/la-faccia-come-il-cairo-211646/.

tecipato durante la prima visita ufficiale in Italia dalla morte di Giulio Regeni.[17]

Dilemmi e contraddizioni di una politica estera 'democratica'

La determinazione della famiglia Regeni nell'arrivare alla verità riguardo alla morte del loro figlio, la mobilitazione della società civile nel continuare a denunciare il mancato progresso delle indagini, e la chiarezza con la quale le comunità accademiche italiana e inglese hanno stigmatizzato il caso Regeni come l'ennesimo, grave affronto alla libertà di ricerca, stridono di fronte alle ambiguità, alle contraddizioni e alle ombre della politica estera italiana verso l'Egitto. Al di là delle critiche sollevate dai pochi giornalisti e organi di stampa impegnati a mantenere una coerente ed efficace linea di indagine, lo spazio per l'articolazione di un'analisi davvero critica e di più ampio respiro è rimasto, sino ad ora, sfortunatamente vuoto. Questa seconda parte del mio contributo, allora, vuole delinearne i tratti a partire da tre questioni critiche e analiticamente importanti: la questione dell'interesse

---

[17] Vincenzo Nigro, *Libia: conferenza a Palermo: Haftar arriva e incontra Conte. Il premier: "No miracoli o scorciatoie"*, «La Repubblica», 12 novembre 2018, https://www.repubblica.it/esteri/2018/11/12/news/libia_al_sisi_partecipera_alla_conferenza_di_palermo-211448968/?refresh_ce.

nazionale, la questione della strategia di politica estera dell'Italia e, infine, il problema di cosa sia una politica estera davvero democratica.

Per quanto riguarda la prima questione, l'osservazione da cui partire è la ripetitività con la quale i *policy makers* italiani hanno utilizzato la categoria di 'interesse nazionale' per giustificare dapprima la necessità di mantenere rapporti cordiali con l'Egitto, nonostante il ritiro dell'ambasciatore, e poi normalizzare i rapporti con questo Paese, ripristinando la piena funzionalità della rappresentanza diplomatica italiana al Cairo.[18] La scelta di fare rientrare l'ambasciatore fu giustificata, durante l'audizione del 4 settembre 2017 davanti alle Commissioni riunite Affari esteri di Camera e Senato, dall'allora ministro degli Esteri Angelino Alfano nei seguenti termini:

> Le relazioni tra Italia ed Egitto sono alimentate da vicinanza geografica e da una storia millenaria fatta di intensi rapporti tra i nostri popoli. Questioni come la lotta al terrorismo, la gestione ragionata e coordinata dei flussi migratori, la risposta alle crisi regionali, passando attraverso il contenzioso israelo-palestinese, la guerra in Siria, la crisi tra Paesi del Golfo, il tema della gestione delle acque del Nilo toccano direttamente il

---

[18] Si veda, per un altro approccio critico alla questione: Lucia Sorbera *et al.*, *Giulio Regeni e le ragioni della giustizia*, «minima et moralia», 20 agosto 2017, http://www.minimaetmoralia.it/wp/giulio-regeni-le-ragioni-della-giustizia/.

> nostro Paese. Su questi temi l'Egitto è un partner ineludibile dell'Italia. [...] La ripresa del dialogo bilaterale lungo queste linee e a queste condizioni è un interesse nazionale.[19]

Se questa decisione fu largamente accolta e intesa come una prova di 'realismo' da parte dell'Italia,[20] un altro passaggio decisivo e speculare nella ridefinizione dell'interesse nazionale italiano fu il declassamento della 'questione Regeni' da affare di Stato, e perciò pubblico, ad affare 'di famiglia', perciò privato. A questo contribuì in larga misura la posizione del ministro dell'Interno Matteo Salvini che nel giugno 2018, all'indomani della nascita del governo Conte, dichiarò che l'Egitto era un Paese troppo importante per l'Italia per far dipendere il ripristino delle piene relazioni al soddisfacimento della richiesta di giustizia 'della famiglia Regeni'.[21] Lo scivolamento del caso Regeni dal piano della politica e della

---

[19] Commissioni riunite Affari esteri e comunitari, *Audizione*, 4 settembre 2017, http://documenti.camera.it/leg17/resoconti/commissioni/stenografici/pdf/03c03/audiz2/audizione/2017/09/04/leg.17.stencomm.data20170904.U1.com03c03.audiz2.audizione.0025.pdf.

[20] Si veda, ad esempio: Ugo Tramballi, *Caso Regeni: serve un ambasciatore al Cairo*, «Il Sole 24 Ore», 12 settembre 2016, https://ugotramballi.blog.ilsole24ore.com/2016/09/12/caso-regeni-serve-un-ambasciatore-al-cairo-6/?refresh_ce=1.

[21] Marco D'Egidio, *Il sovranismo di Salvini si ferma su Regeni*, «The Huffington Post», 15 giugno 2018, https://www.huffingtonpost.it/marco-degidio/salvini-luomo-forte-che-fa-il-debole-sul-caso-regeni_a_23459419/.

giustizia a quello della 'memoria' ha impartito un ulteriore avvitamento a questo processo. Dall'altro lato, e in senso diametralmente opposto, si è assistito all'innalzamento di interessi particolari e privati al rango di affari di Stato: agli ingenti interessi commerciali italiani in Egitto e, in particolare, a quelli del gigante degli idrocarburi italiano, l'Eni, è stato agevolmente riconosciuto il manto protettivo dell''interesse nazionale'.

Una valutazione critica di questi passaggi è possibile se si resiste alle facili equazioni e ci si pone, in maniera più analitica, la domanda di cosa sia davvero un 'interesse nazionale'. La letteratura critica di analisi di politica estera degli ultimi trent'anni ha ampiamente illustrato come la categoria di 'interesse nazionale' non sia affatto da intendere come monolitica e oggettiva, ma al contrario come sempre composita e costruita, frutto, ossia, di un processo sempre, e inevitabilmente, politico.[22] La domanda alla quale la politica risponde per poter articolare un interesse nazionale è ancora quella che James Rosenau individuò, già negli anni Settanta, nel suo saggio *The National Interest*: «*whose interests are deemed national and why?*», quali interessi sono considerati nazionali e perché?[23] Il processo alla base della costruzione di un interesse nazionale può essere più o meno esplicito, plu-

---

[22] Per un approfondimento, si veda: Jutta Weldes, *Constructing National Interests*, University of Minnesota Press, Minneapolis 1999.

[23] James Rosenau, *The National Interest*, in *id.*, *The Scientific Study of Foreign Policy*, Free Press, New York 1971, pp. 239-49.

ralistico e agonistico, può avvenire in sedi istituzionali o extraistituzionali, ma è sempre e comunque politico. Il fatto che questo processo spesso non sia trasparente non implica che non esista. Anzi, è spesso proprio la mancanza di trasparenza a donare un'aura di 'oggettività' all'interesse nazionale che è, invece, solo un sintomo della reificazione del concetto, frutto di una volontà politica, quando non ideologica.

Se si riflette in maniera critica, allora, sulla costruzione dell'interesse nazionale italiano alla luce della vicenda di Giulio Regeni, si possono avanzare almeno due considerazioni. In primo luogo, è indicativo dell'arretratezza della cultura politica dell'*establishment*, incluso quello dei partiti di più recente formazione, che la mobilitazione civile a sostegno della campagna per la verità sul caso Regeni non sia stata considerata un elemento sufficientemente importante da inserire a pieno titolo nella costruzione dell'interesse nazionale. Eppure l'interesse mostrato dalla nazione nei confronti di questo caso avrebbe reso, in altre circostanze, ogni ulteriore considerazione superflua; l'interesse nazionale è, per definizione, l'interesse della nazione. Come poter prescindere, dunque, da esso?

In secondo luogo, l'appiattimento dell'interesse nazionale su interessi particolari è, di nuovo, da ritenersi un'operazione di volontà politica, non un semplice automatismo legato a qualche presunto senso di 'realismo'. Se si pensa alla compenetrazione degli interessi dell'Italia e dell'Eni in Egitto occorre mettere in evidenza alcuni fattori che consigliano prudenza nell'equiparare in maniera automatica gli interessi commerciali di questa compagnia con quelli pubblici dello Stato italiano. La scoperta di nuovi bacini di idrocarburi in Egitto, ad esempio, è sicuramente un'ottima notizia per l'Eni e lo è anche per l'Egitto, ma non lo è necessariamente per l'Italia. Del gas ricavato dal bacino di Zohr e Baltim, infatti, non arriverà una goccia in Italia, visto che l'Eni lo estrarrà a esclusivo uso e consumo dell'Egitto, che storicamente soffre di una costosa (e politicamente scomoda) dipendenza energetica dai Paesi limitrofi. Il fatto che al-Sisi abbia poi imposto prezzi per le concessioni e l'estrazione del gas sfavorevoli alle imprese – al punto da scoraggiarne molte, come la Bp Egypt – ha dimostrato da un lato la rigidità della strategia dell'Eni e la volontà di operare in perdita almeno nel breve periodo, ma dall'altro ha rivelato anche la capacità di ricatto dell'Egitto nei confronti dell'Italia, che si è inevitabilmente tradotto in vulnerabilità di quest'ultima.[24]

La seconda questione analitica di rilievo riguarda il problema della strategia di politica estera e si collega all'ultimo punto sollevato. La relazione tra Egitto e Italia si fonda su considerevoli asimmetrie di potere, vulnerabilità e legittimità. Sebbene lo si consideri come un alleato importante in vari teatri e degno di ingenti investimenti, l'Egitto rimane un Paese a legittimità limitata. Anche non considerando il piano normativo, questo dato indica

---

[24] Lorenzo Declich, *Giulio Regeni, le verità ignorate: la dittatura di al-Sisi e i rapporti tra Italia ed Egitto*, Alegre, Roma 2016, p. 100.

una possibile vulnerabilità strategica per l'Italia. I benefici di breve periodo possono essere eclissati da passività di lungo periodo, in parte perché il governo al-Sisi si fonda sul difficile e costoso mantenimento di un regime repressivo, nei confronti del quale l'Italia ha abdicato qualsiasi potere di influenza, in parte perché le convergenze tra interessi e strategie tra i due Paesi non sono affatto scontate.[25] L'Italia, in altre parole, ha attaccato il suo carro a un cavallo difficile da controllare e, facendo questo, si è assistito a un curioso rovesciamento di ruoli: da *junior partner* dell'alleanza, l'Egitto è passato a essere *senior partner*, mentre l'Italia pare aver accettato di essere controllata, quando non ricattata, secondo i termini e le condizioni imposte al Cairo.

Il caso della Libia appare istruttivo. Se l'Egitto è stato considerato un alleato chiave nella lotta alle forze islamiste in Libia, meno consonante agli interessi dell'Italia è risultata la strategia egiziana di sostegno alla milizia del generale Khalifa Haftar, che sta estendendo per procura l'influenza egiziana su regioni della Libia come la Cirenaica, rispetto alla quale l'Egitto ha mire espansive già pienamente formulate in termini sia di intervento militare che di partizione.[26] L'imbarazzo che si è colto durante

---

[25] Michou-Torelli, *Common Interests and Different Visions…*

[26] Si veda: Vincenzo Nigro, *Gentiloni: "Migranti, l'Africa resta centrale. In Libia trattare anche con Haftar"*, «La Repubblica», 20 settembre 2016, https://www.repubblica.it/esteri/2016/09/20/news/gentiloni_migranti_l_africa_resta_centrale_in_libia_trattare_anche_con_haf-

la recente conferenza di Palermo per l'inefficacia della 'mediazione' italiana è indicativo. La strategia di sostegno all'Egitto in nome della stabilità è dunque illusoria e inefficace sia sul piano internazionale che interno: l'appoggio incondizionato dell'Italia al regime di al-Sisi ha come unico effetto quello di aumentare l'appetito dell'Egitto e incoraggiarlo, da un lato, a perseguire una strategia revisionista nello scenario mediorientale e mediterraneo e, dall'altro, a inasprire la repressione interna.[27] Nessuno di questi obiettivi è pienamente in linea con gli obiettivi strategici italiani.

La terza e ultima questione di rilevanza analitica è quella forse più controversa: il rapporto tra etica e politica estera. Nel corso degli ultimi tre anni, la riflessione sulla politica estera italiana alla luce del caso Regeni si è spesso incagliata sulla sterile contrapposizione tra interessi e valori, affari e diritti umani, e da tale contrapposizione è emersa un'unica e amara narrazione: quella della giustizia per Giulio sacrificata sull'altare dell''interesse nazionale'. Questa narrazione, pur legittima, occlude

tar_-148140636/; Paolo Valentino, *"La Libia unita, sogno impossibile. L'Italia punti sulla Tripolitania"*, «Corriere della Sera», 30 marzo 2016, https://www.corriere.it/esteri/16_marzo_31/libia-unita-sogno-impossibile-l-italia-punti-tripolitania-2c63020c-f6b6-11e5-b728-3bdfea23c73f.shtml.

[27] Nassim Nicholas Taleb-Mark Blyth, *The Black Swan of Cairo: How Suppressing Volatility Makes the World Less Predictable and More Dangerous*, «Foreign Affairs», 90, 3 (2011), pp. 33-39.

tuttavia considerazioni più specifiche e urgenti sull'argomento, che è necessario portare in superficie se si vuole elevare il dibattito oltre questa *impasse* interpretativa. Per fare ciò, occorre inquadrare la questione dell'etica all'interno del rapporto tra democrazia e politica estera.

La critica che si può muovere alla politica estera italiana nei confronti dell'Egitto non è solo quella di aver sacrificato i diritti umani sull'altare degli interessi, e nemmeno quella di aver prediletto la ragion di Stato e le ragioni della stabilità agli imperativi etici, a partire dal dovere di proteggere i propri cittadini all'estero. Oltre all'illusione della stabilità internazionale, la politica estera italiana è stata mossa da un'illusione di democrazia che la vicenda Regeni ha distintamente messo a nudo.

Dal punto di vista interno all'Egitto, il corpo martoriato di Giulio ha davvero inchiodato la classe politica italiana alla realtà di una repressione brutale perseguita dal regime di al-Sisi e avallata da Roma. Se l'Egitto sta attraversando «la più grave crisi dei diritti umani» nella sua storia recente[28] – addirittura peggiore di quella sperimentata durante il governo Mubarak – allora il caso Regeni non può che essere considerato rappresentativo, piuttosto che eccezionale, del grado di repressione politica in vigore nel Paese. La campagna antiterroristica di al-Sisi ha notoriamente rifiutato di distinguere fra i

[28] Michou-Torelli, *Common Interests and Different Visions...*, cit., p. 108.

seguaci dello Stato islamico e l'opposizione politica interna. La consolidata collaborazione dell'Italia nella lotta contro il terrorismo, che abbraccia il settore militare e di polizia, non ha fatto che alimentare le pratiche repressive. Estese restrizioni ai diritti politici e civili fondamentali si sono unite al tragico aumento delle esecuzioni extragiudiziarie, della tortura, delle sparizioni forzate e degli arresti politici.

Tutto ciò dimostra come il perseguimento di un concetto di democrazia 'superficiale' nell'area Mena (Middle East and North Africa) possa essere non solo drammaticamente controproducente ma anche fondamentalmente incompatibile con una concezione sostanziale della democrazia.[29] Questo già offre una prima argomentazione a sostegno della tesi, assai più sanguigna di quelle avanzate nel dibattito pubblico dal 2016 a oggi, che la politica estera dell'Italia nei confronti dell'Egitto sia fondamentalmente antidemocratica.[30] Il fatto che il sequestro di

---

[29] Vicky Reynaert, *Preoccupied with the Market: The EU as a Promoter of "Shallow" Democracy in the Mediterranean*, «European Foreign Affairs Review», 16, 5 (2011), pp. 623-37.

[30] È da rilevare che i genitori di Giulio, in particolare la madre Paola Deffendi, sono stati una delle poche voci capaci di articolare una critica davvero politica alla diplomazia italiana – loro che avrebbero potuto, a tutto diritto, esclusivamente utilizzare il registro morale e umano. Cfr. Lucia Annunziata, *La madre e il generale*, «Huffington Post», 29 marzo 2016, https://www.huffingtonpost.it/lucia-annunziata/la-madre-e-il-generale_b_9566176.html?fbclid=IwAR2KqGKEAZn3Dz

Giulio sia capitato proprio il 25 gennaio 2016, giorno del quinto anniversario delle proteste di Tahrir che veicolavano le richieste democratiche della popolazione egiziana, offre sul piano simbolico già una conferma della plausibilità di questa tesi.

Tuttavia, la mancanza di democrazia non è solo attribuibile all'Egitto. È la politica estera italiana che ha dimostrato di soffrire di un 'deficit democratico', e il caso Regeni ha illustrato chiaramente questa tendenza. Si è soliti misurare la qualità della democrazia attraverso indicatori quali la frequenza e la regolarità delle elezioni, la libertà di stampa, il rispetto dei diritti civili e politici. Eppure una dimensione sempre più essenziale per i regimi democratici è il proprio comportamento internazionale.[31] La tesi secondo la quale la politica estera costituisce una sorta di eccezione e 'dominio riservato', al quale si applicano criteri diversi, ispirati a una logica di *realpolitik*, cozza con la natura dell'ordine liberale internazionale odierno, la cui sopravvivenza in ultima analisi dipende proprio dalla misura in cui le democrazie si comportano come tali. «*Democracy is who democracy does*», per parafrasare Forrest Gump. In un quadro cosmopolitico emergente di demo-

---

LopwS61jFc2bnLiLkZD13VU7dHLXTjknXQorA6TbnV3Ck&ec_carp=3211310482617695268.

[31] Si veda, per una discussione teoretica: Raffaele Marchetti, *What is a Democratic Foreign Policy? Procedures, Goals and Actions*, paper di prossima pubblicazione.

crazia globale, la politica estera diventa allora una politica pubblica non diversa dalle altre perché tende a sfumare, in questo contesto, la differenza qualitativa tra spazio politico interno e internazionale. Il tasso di democrazia della politica estera, perciò, non dovrebbe essere sostanzialmente diverso da quello che si applica ad altre politiche pubbliche, come le politiche ambientali, quelle commerciali, ecc.. Inoltre, se la differenza qualitativa tra spazio politico interno e internazionale tende a scomparire, allora anche la distinzione tra propri cittadini e cittadini di un altro Stato tende a perdere un significato fondativo. Dunque, una politica estera che si limita a difendere le ragioni di un proprio cittadino, o chiede giustizia per la sua morte, mentre ignora o attivamente calpesta i diritti di centinaia di altri cittadini, non può essere considerata pienamente democratica. Infine, da uno Stato democratico ci si può aspettare non solo che persegua politiche estere democratiche ma che, proprio attraverso la sua politica estera, favorisca il consolidamento e la realizzazione della democrazia in altri Stati. Ciò che fino ad ora non è emerso con sufficiente chiarezza nel dibattito sulla politica estera italiana alla luce del caso Regeni, dunque, è che il carattere fortemente antidemocratico delle politiche estere di numerosi Stati europei, tra cui l'Italia, nei confronti di Paesi come l'Egitto non lede solo le prospettive democratiche all'interno dell'Egitto. Piuttosto, e prima di tutto, questo erode gli standard democratici degli Stati europei in questione.[32]

La conclusione di questo contributo, allora, è che così

come il perseguimento di un'illusione di stabilità internazionale produce instabilità, il perseguimento di una concezione illusoria di democrazia in politica estera finisce per mettere in discussione qualsiasi pretesa democratica di chi la persegue. La drammatica e cupa vicenda di Giulio Regeni è capace, dunque, di mettere in luce le contraddizioni, le ombre e le ambiguità della politica estera italiana nel contesto internazionale contemporaneo, soprattutto nell'area mediorientale.

Non conoscevo Giulio di persona, sebbene all'epoca del suo dottorato io fossi tra i docenti nel Dipartimento di Politica e studi internazionali dell'Università di Cambridge dove lui studiava. Credo Giulio stesse cercando, con la sua ricerca, di mettere in discussione alcune contraddizioni e dilemmi della realtà economica egiziana. Credo sia nostro compito, allora, continuare a mettere in luce le contraddizioni che permeano la politica internazionale contemporanea, e continuare a farlo anche in sua memoria.

---

[32] Michelle Pace, *Paradoxes and contradictions in EU democracy promotion in the Mediterranean: the limits on EU normative power*, «Democratization», 16, 1 (2009), pp. 39-58.

Gilbert Achcar

IL REGIME CONTRORIVOLUZIONARIO DI ABDEL FATTAH AL-SISI

Se si osserva la Primavera araba in retrospettiva, si possono chiaramente distinguere due fasi nella serie di eventi che hanno fatto seguito all'autoimmolazione del giovane Mohammed Bouazizi, avvenuta nella città dell'entroterra tunisino di Sidi Bouzid il 17 dicembre 2010: una prima fase di slancio, la Primavera araba propriamente detta, apertasi con l'insurrezione tunisina scatenata dall'atto disperato di Bouazizi e conclusasi a inizio 2013; una seconda fase di contraccolpo, iniziata nella primavera del 2013 con l'offensiva del regime siriano insieme alle forze ausiliari sostenute dall'Iran, in particolare Hezbollah del Libano, per riguadagnare parte del territorio perduto in favore delle forze di opposizione l'anno prima. Questa seconda fase controrivoluzionaria continua sino a oggi, nonostante stiano aumentando i segnali di insurrezione (si vedano i casi del Sudan e dell'Algeria) che lasciano presagire una nuova ondata di sollevazioni a livello regionale.

La controffensiva lanciata dal regime siriano nella primavera del 2013 ha segnato uno spartiacque dalla rivoluzione alla reazione e alla restaurazione, ed è stata presto seguita da eventi controrivoluzionari in altri Paesi. L'effetto domino del contagio rivoluzionario che, dopo la Tunisia, aveva interessato Egitto, Libia, Yemen, Bahrain e Siria, è stato invertito. In tal senso, il successo della repressione controrivoluzionaria del regime siriano, sostenuto dagli iraniani, è stato replicato pochi mesi dopo in Egitto, con la restaurazione politica del vecchio regime in una versione più brutale, e subito dopo in Tunisia, con una parziale restaurazione del vecchio regime. Nello stesso periodo le entità politiche postrivoluzionarie di Libia e Yemen sono naufragate nella guerra civile.

A dire il vero, la prima vera sconfitta di una delle sei maggiori insurrezioni emerse dall'ondata rivoluzionaria che travolse l'intera regione arabofona nel 2011, aveva avuto luogo in Bahrain. Lì, l'intervento delle forze messe in campo dalle altre monarchie del Consiglio di cooperazione dei Paesi del Golfo, guidate dal regno saudita, aveva permesso alla monarchia bahreinita di fermare la ribellione di massa e di dissuaderla da ogni tentativo di reagire. Tuttavia, l'impatto di ciò che accadde in Bahrain rimase limitato, dal momento che il Paese è piuttosto marginale nella politica regionale. Al contrario, la Siria è sempre stato uno degli Stati arabi più rilevanti in termini di influenza e di importanza politica.

Eppure, l'evento più decisivo nel confermare la nuova tendenza è stato senza ombra di dubbio il colpo di Stato che nel 2013, in Egitto, ha ripristinato il pieno controllo dei militari al governo del Paese. Questo evento ha invertito la direzione impressa dalla vittoria della sollevazione tunisina del 2011, straordinariamente magnificata dalle successive vittorie raggiunte in Egitto, lo Stato arabo di gran lunga più popoloso.

Il colpo di Stato egiziano, condotto dal capo del Consiglio supremo delle forze armate (Csfa), nonché ministro della Difesa, Abdel Fattah al-Sisi, pose una brusca fine all'ondata rivoluzionaria che aveva avuto inizio al Cairo il 25 gennaio 2011 raggiungendo un secondo picco il 30 giugno del 2013. Le dimissioni di Hosni Mubarak dell'11 febbraio 2011 e la destituzione di Mohammed Morsi del 3 luglio 2013 furono entrambi colpi di Stato militari emersi in un contesto di enorme mobilitazione popolare. Anche se in entrambi i casi la sinistra e l'opposizione liberale avevano avuto un ruolo propulsore, il movimento popolare presentava una fisionomia politica differente: nel 2011 la Fratellanza Musulmana si era aggregata al movimento che era diretto contro il vecchio regime, mentre due anni dopo furono gli stessi sostenitori del vecchio regime a prendere parte alla sollevazione contro il governo della Fratellanza Musulmana.

In entrambi i casi, gli oppositori liberali e di sinistra commisero l'errore di credere che l'esercito si sarebbe accontentato di sancire il passaggio di potere dal presidente destituito a un governo civile e democratico. I Fratelli Musulmani, che più avevano contribuito a diffondere illusioni sui militari nel 2011, finirono con l'essere spodestati da questi ultimi nel 2013. Questo accadde dopo che ebbero oltrepassato la linea rossa che si erano inizialmente impegnati a rispettare. Il punto di rottura fu infatti raggiunto quando presentarono un loro candidato alla presidenza nel 2012, rinnegando di fatto la promessa fatta l'anno prima di non prendere parte a queste elezioni.

Morsi fu eletto presidente solo dopo che gli Stati Uniti esercitarono pressioni sui militari perché riconoscessero il risultato delle elezioni. Grazie a lui, la Fratellanza Musulmana tentò di concentrare il potere nelle sue mani e accrebbe le prerogative presidenziali in un modo percepito come una minaccia da quasi tutte le altre forze politiche. Il risultato fu che una seconda ondata di proteste prese slancio contro Morsi, creando le condizioni politiche che permisero ai militari di liberarsi di lui. Ciò che nei giorni immediatamente successivi al secondo colpo di Stato poteva ancora sembrare una nuova vittoria rivoluzionaria si rivelò presto una decisiva virata controrivoluzionaria.

Questa differenza qualitativa tra il 2011 e il 2013 venne alla luce col brutale e sanguinoso massacro perpetrato dagli apparati militari e della sicurezza nell'agosto del 2013, quando la manifestazione di piazza contro il colpo di Stato, organizzata dalla Fratellanza Musulmana nella piazza Rabaa al-Adawiyya al Cairo, venne duramente repressa con l'uccisione di circa un migliaio di persone. Questo massacro e la messa al bando della Fratellanza che ne conseguì instaurarono un clima di terrore: gli apparati armati dello Stato avevano 'fischiato la fine del gioco' alla sollevazione iniziata due anni prima. Una serie di ulteriori brutali spinte repressive confermò questa tendenza, raggiungendo tutti i settori della scena politica e sociale egiziana.

L'assassinio di Giulio Regeni, avvenuto circa due anni e mezzo dopo, agli inizi del 2016, fu uno dei più orribili omicidi perpetrati dai criminali del nuovo-vecchio regime. La risonanza che l'evento ebbe ben oltre i confini nazionali, dovuta in particolare all'identità della vittima – cittadino di un grande Paese europeo e dottorando dell'Università di Cambridge – amplificò il messaggio in modo significativo. Per gli egiziani ciò significava che se il regime aveva potuto commettere un tale crimine contro un giovane che si presumeva protetto da un certo grado di immunità grazie al suo status, non avrebbe esitato a liquidare, anche più brutalmente, qualunque egiziano avesse rappresentato una minaccia ai suoi interessi.

Giulio Regeni 'scomparve' il 25 gennaio, una data decisamente simbolica, dal momento che ricorreva il quinto anniversario dall'insurrezione egiziana: fu infatti quello stesso giorno, nel 2011, che ebbe luogo la mobilitazione convocata nell'ormai famosa piazza Tahrir, al Cairo, trasformatasi in insurrezione nazionale.

Sei anni più tardi non era più possibile celebrare nelle strade la Rivoluzione del 25 gennaio, come era stata soprannominata l'insurrezione egiziana del 2011: sotto il governo autoritario del nuovo-vecchio regime del generale al-Sisi, un'ondata di terrore era piombata nel Paese. L'assassinio di Giulio completava un quadro che implicava diversi episodi di intimidazione successivi al massacro di Rabaa, inclusi una moltitudine di processi sommari finalizzati sistematicamente a sentenze di morte, l'uccisione di dimostranti pacifici, oltre al ritorno su larga scala della detenzione politica e del ricorso sfrenato alla tortura.

Durante la rimozione di Morsi, il Csfa fece tesoro della lezione appresa in precedenza, nel febbraio 2011, con la deposizione di Hosni Mubarak. In quell'occasione, i militari avevano preso il potere direttamente nelle loro mani, dal momento che il Csfa aveva assunto il potere esecutivo. Si era in un contesto di instabilità politica e sociale, in un paese dove l'impeto rivoluzionario era ancora vivo e vegeto. I militari persero gradualmente l'aura che avevano conquistato con l'allontanamento di Mubarak dalla presidenza, al punto che la Fratellanza Musulmana sconfisse il tentativo dei militari di eleggere un presidente proveniente dai loro ranghi.

Con la destituzione di Morsi i militari furono molto più cauti, nascondendosi per un anno dietro un presidente *ad interim* di poca influenza, così poca che soltanto un numero molto limitato di egiziani ne conosceva il nome durante il mandato e quasi nessuno lo ricorda oggi. Il capo del Csfa e stratega del colpo di Stato del 3 luglio mantenne il ruolo, tradizionalmente affidato ai capi militari, di ministro della Difesa. Durante questo anno di transizione, il Csfa si assicurò che l'impeto rivoluzionario si estinguesse per effetto di una combinazione di terrore repressivo, stanchezza della rivoluzione e disillusioni sulla nuova era. Allo stesso tempo, essi costruirono l'immagine di al-Sisi quale salvatore della patria che stava mettendo il Paese sul rapido sentiero dell'uscita dalla crisi politica e sociale.

Nel giugno 2014, Abdel Fattah al-Sisi fu eletto presidente d'Egitto in seguito a una campagna che ricordava il culto della personalità tipico dei regimi totalitari, se non fosse che in quell'occasione aveva uno sfidante reale, sebbene senza alcuna speranza. Nel 2018, durante la sua successiva elezione per un secondo mandato, tutti i veri sfidanti furono estromessi dalla competizione elettorale, alcuni addirittura gettati in carcere, mentre uno dei sostenitori di al-Sisi consentì grottescamente a interpretare la parte del finto sfidante.

Il regime del generale Abdel Fattah al-Sisi incarna la controrivoluzione in tutti i principali aspetti di quella che è stata chiamata la Primavera araba. L'aspetto più ovvio è, certamente, la domanda politica di democrazia: a riguardo, l'attuale regime egiziano è il più repressivo e vendicativo che il Paese abbia mai sperimentato nella storia contemporanea. Esso, infatti, non rappresenta soltanto un ritorno all'autoritarismo esistente prima del 2011, ma il clima di paura che ha generato va ben oltre le condizioni politiche vigenti al tempo di Hosni Mubarak. A posteriori, gli anni di Mubarak appaiono ben più tolleranti del dissenso politico di quanto lo sia il regime di al-Sisi. L'Egitto si è effettivamente trasformato da un sistema autoritario semi-liberale a un altro totalmente illiberale, dopo una parentesi nella quale le condizioni democratiche create dalla Rivoluzione del 25 gennaio sono gradualmente scemate, dal picco raggiunto nel 2011 al loro quasi completo soffocamento sotto al-Sisi.

Il carattere controrivoluzionario del regime di al-Sisi

nella sfera politica è strettamente legato al suo ruolo nella sfera socioeconomica: le due dimensioni sono inseparabili nel caso egiziano come lo sono nelle rivolte arabe in generale. Come è ormai ampiamente riconosciuto, la Primavera araba non ha rappresentato solamente un'istanza di libertà e democrazia, ma anche, soprattutto, di miglioramento delle condizioni economiche e sociali alla base dell'esplosione politica. Per diversi decenni, la regione araba era andata rallentando nei ritmi di crescita economica, ponendosi dietro a gran parte dei Paesi del Sud globale, generando un enorme problema di disoccupazione, soprattutto giovanile, di cui essa ha mantenuto i più alti tassi al mondo per decenni. Questa questione è ormai vista comunemente come una delle principali, se non la più importante, ragioni del malcontento esploso nella regione nel 2011.

La stagnazione economica generale è l'esito naturale dei bassi tassi di investimento, in una regione dove l'investimento pubblico ha subìto una drastica riduzione in seguito alle politiche neoliberali di austerità sostenute – e spesso imposte – dalle istituzioni finanziarie internazionali, in particolar modo dal Fondo monetario internazionale (Fmi). Il presupposto su cui si sono basate queste politiche è che esse avrebbero favorito lo sviluppo degli investimenti del settore privato compensando la riduzione degli investimenti pubblici e divenendo la forza trainante dell'economia. Il punto è che, nei fatti, questo non è accaduto. Le ragioni di ciò sono essenzialmente legate alle condizioni politiche di alta instabilità che caratterizzano la regione, sia che si guardi all'arbitrarietà, corruzione e nepotismo degli Stati o al modo in cui le tensioni regionali e internazionali influenzano l'intera regione.

In risposta a questa difficile situazione economica vengono evocate due politiche simmetricamente opposte. Una, beninteso, è quella di una totale rottura con l'orientamento neoliberale, ritenuto responsabile del disastro socioeconomico, e di uno spostamento verso un modello in cui lo sviluppo venga promosso da uno Stato radicalmente diverso dall'attuale, uno Stato che dovrebbe essere profondamente democratico sia a livello politico che sociale. L'altra politica può essere riassunta con l'idea di 'aumentare la dose': è la politica sponsorizzata dal Fmi, secondo cui la crisi emersa nella regione araba altro non sarebbe che il risultato della moderazione con cui i regimi al potere hanno applicato le politiche di austerità del Fondo e le altre ricette neoliberali. Questa è un'opzione fondamentalmente controrivoluzionaria che è stata preferita da tutti i sostenitori della continuità col vecchio ordine sociopolitico, nella forma dei vecchi regimi o in una differente versione implicante un rimescolamento tra le élite economiche.

Quest'ultima ricetta rappresenta il tipo di alternativa che è stata perseguita dai Fratelli Musulmani: aderendo alle stesse visioni neoliberali adottate dai vecchi regimi, essi hanno continuato a replicarle quando erano al governo in Tunisia, così come in Egitto, Marocco o Sudan. Tuttavia, la Fratellanza non ebbe mai la legittimità e il sostegno necessari a far accettare alla popolazione misure così dure come quelle raccomandate dal Fmi. Quando il 9 dicembre 2012, poco dopo aver ridotto i sussidi sul butano e l'elettricità, Morsi approvò aumenti indiscriminati delle imposte di vendita su una serie di altri prodotti e servizi, l'annuncio provocò un'enorme protesta popolare che la Fratellanza si rivelò incapace di contenere. Di conseguenza, poche ore dopo averlo emanato, Morsi sospese il decreto con un breve aggiornamento sulla propria pagina Facebook. Nel tentativo di rassicurare i cittadini egiziani che egli non voleva imporre forzatamente ulteriori balzelli, dichiarò di posticipare ogni decisione finché non ci fosse stato consenso.

I Fratelli Musulmani si dimostrarono pertanto inefficaci come forza controrivoluzionaria. Se si fossero mostrati più risoluti nell'implementare appieno le prescrizioni del Fmi, un fatto che avrebbe richiesto una più stretta collaborazione con gli apparati repressivi, probabilmente sarebbero potuti rimanere in carica, almeno fino a quando avessero attuato la specifica missione che i sostenitori del vecchio ordine erano desiderosi di portare a termine. Ma essi semplicemente non erano all'altezza del compito, avendo la necessità di preservare la propria base sociale, in un contesto in cui non avevano il pieno controllo degli apparati repressivi dello Stato.

In netto contrasto con tutti i suoi predecessori, il regime di Abdel Fattah al-Sisi ha pienamente ottemperato alle aspettative del Fmi. Nel novembre 2016, traendo vantaggio dal clima di terrore e di rassegnazione che era stato creato e consolidato sin dall'estate del 2013, il governo egiziano applicò appieno le politiche di austerità del Fmi, lasciando fluttuare la moneta nazionale e provocando una forte svalutazione rispetto alle monete straniere. Questo fu l'attacco più brutale mai lanciato contro il potere d'acquisto e il tenore di vita della popolazione egiziana. Le sue condizioni hanno continuato a peggiorare da allora a causa di un'inflazione che è rimasta a due cifre.

Sotto Anwar al-Sadat, nel gennaio 1977, un attacco di ben minore portata ai mezzi di sostentamento degli egiziani aveva causato rivolte di massa, forzando il governo a reintrodurre le sovvenzioni sui prezzi che aveva provato a cancellare. In seguito a quell'enorme fallimento, nessun governo egiziano aveva più osato adottare, in un unico colpo, una tale serie di politiche impopolari suggerite dal Fmi fino a quando non è arrivato al-Sisi al potere. Il fatto che il nuovo regime sia riuscito a superare un'inibizione politica risalente a quasi quarant'anni prima è molto indicativo del livello di intimidazione che è stato in grado di imporre. Il fatto che esso sia riuscito a farlo dopo la più formidabile sollevazione politica nella storia contemporanea dell'Egitto – incluse due insurrezioni che sono state in grado di spodestare un presidente – senza provocare alcuna significativa protesta di piazza, testimonia l'intensità dello scoraggiamento e della rassegnazione predominanti.

Una cruciale ragione dell'apparente apatia degli egiziani risiede certamente nella loro delusione per il risultato di due anni e mezzo di insurrezione, che ha condotto a una situazione in cui molti di loro, se non la maggioranza, rimpiangono l'era di Mubarak. Un ulteriore deterrente è rappresentato dalla paura del caos e della guerra civile, in un momento in cui l'insurrezione regionale ha imboccato questa china in tre dei sei teatri della Primavera araba. Questa minaccia è costantemente evocata nei media dagli accoliti del regime di al-Sisi.

Ciononostante, in Egitto il malcontento sta costantemente aumentando, e la prova più evidente che la popolarità di Abdel Fattah al-Sisi sia in caduta libera è che egli non possa più permettersi di affrontare libere elezioni contro un vero sfidante. Per quanto profondo possa essere lo scoraggiamento del popolo egiziano, il fatto che nessuna delle cause strutturali del prolungato stallo economico e sociale del Paese sia stata risolta, può solo significare che, presto o tardi, l'Egitto tornerà in prima linea nel processo rivoluzionario di lunga durata che è esploso nel 2011 nella regione, inaugurando un'era storica di sconvolgimenti che non si concluderà a meno di un radicale cambiamento del sistema sociopolitico consolidato.

(Traduzione di Giuseppe Belluardo)

Teresa Pepe

LA RICERCA SUL CAMPO AL TEMPO DEI PROCESSI ALLA SCRITTURA. IL CASO DI AHMED NÀGI

Premessa

Il 20 febbraio 2016, l'autore egiziano Ahmed Nàgi viene condannato a due anni di prigione con l'accusa di «violazione della morale pubblica». L'accusa giunge in seguito alla pubblicazione di un capitolo del suo romanzo *Vita: istruzioni per l'uso*[1] (*Istikhdàm al-hayà*), nell'agosto del 2014, sulla rivista letteraria egiziana *Akhbàr al-adab*, rivista per cui lo scrittore lavorava da più di dieci anni. Ad accusarlo è un cittadino egiziano di nome Hani Salah Tawfiq, il quale sostiene che la lettura del testo, che includeva riferimenti espliciti a droghe e atti sessuali, gli abbia causato sintomi di malessere fisico, quali tachicardia e calo di pressione. Nell'agosto 2015, l'accusa di Tawfiq viene accolta dalla Corte giudiziaria e nel dicem-

[1] Ahmed Nàgi, *Vita:istruzioni per l'uso*, trad. it. di Elisabetta Rossi-Fernanda Fischione, Il Sirente, Fagnano Alto 2016.

bre 2015 inizia il processo contro l'autore. Nàgi viene inizialmente assolto nel gennaio 2016, per poi essere richiamato in giudizio solo un mese dopo e condannato al massimo della pena. Nel contesto dell'Egitto contemporaneo, Ahmed Nàgi è l'unico scrittore a essere condannato al carcere a causa della sua opera letteraria, fattore che ha contribuito allo sgomento e alla mobilitazione internazionale da parte di specialisti del settore e della società civile.

In questo capitolo intendo ricostruire la vicenda del processo nei confronti di Ahmed Nàgi, noto anche come «processo all'immaginazione» (*muhàkamat al-khayàl*),[2] tenutosi tra il dicembre 2015 e il febbraio 2016. La mia analisi si fonda sui metodi della sociologia della letteratura, combinando lo studio del romanzo sotto accusa con la ricerca sul campo letterario, quest'ultima svolta tramite l'osservazione partecipante[3] e interviste a intellettuali e scrittori. A tale scopo, mi focalizzerò su tre elementi principali: l'autore in relazione al suo contesto

---

2 Si veda la pagina Facebook dedicata al processo di Nàgi, in cui si utilizza tale espressione: «Egypt Art on Trial», https://www.facebook.com/pg/EgyptArtOnTrial/posts/, ultimo accesso 8.8.2019.

3 L'osservazione partecipante è una tecnica di ricerca etnografica incentrata sulla prolungata permanenza e partecipazione alle attività del gruppo sociale studiato da parte del ricercatore. Questo metodo è stato reso celebre da Bronisław Malinowski nella sua opera *Argonauti del Pacifico occidentale. Riti magici e vita quotidiana nella società primitiva*, Bollati Boringhieri, Torino 2011, (1ª ediz. London 1922), ed è divenuto fondamentale per le scienze etnoantropologiche.

sociale e alla generazione degli scrittori degli anni Duemila; il testo *Vita: istruzioni per l'uso*, un romanzo distopico e autofinzionale, scritto in arabo letterario misto a uno *slang* giovanile e graffiante; e infine la ricezione del romanzo, e in particolare l'accusa da parte del lettore, il processo, e la campagna globale in difesa dell'autore. Pertanto, intendo dimostrare come l'incarcerazione di Nàgi, così come l'uccisione di Giulio Regeni, debba essere attribuita non all'opera letteraria in sé, ma alla repressione politica operata dal governo del generale al-Sisi nei confronti di intellettuali, artisti e ricercatori, supportata da cittadini ordinari che si ergono a difensori del regime. Inoltre, focalizzandomi sul caso di Nàgi, intendo discutere i vantaggi acquisiti dalla metodologia della ricerca sul campo, inserendola nella lunga tradizione di studi culturali e di area; allo stesso tempo, miro a fare luce sulle difficoltà del ricercatore di muoversi in un'atmosfera politica dominata dalla paura e dalla repressione.

La ricerca sul campo letterario nell'Egitto contemporaneo

Conosco Ahmed Nàgi da circa quindici anni. L'ho conosciuto durante il mio primo viaggio in Egitto nel 2005, tramite amici comuni che erano suoi colleghi presso la rivista governativa *Akhbàr al-adab*. Nel settembre 2015, poco dopo il mio arrivo al Cairo, incontro Nàgi in un caffè del centro. Mi presenta Ben Koerber, il traduttore inglese del suo ultimo romanzo, e il suo amico Bassam, che ha dato nome e ispirazione al personaggio principale. A voce bassa, mi accenna a un'accusa pendente nei suoi confronti da parte di un lettore. Ci ride su, con la solita leggerezza che lo contraddistingue, ma poi ritorna subito serio e mi prega di mantenere l'informazione confidenziale. «Non voglio diventare uno di quegli scrittori che raggiungono la fama per uno scandalo» mi spiega. Ci congediamo, e questo resta il mio ultimo incontro con Nàgi fino ad oggi.

Mi ero recata in Egitto per effettuare una ricerca storico-letteraria, finanziata dall'Università di Oslo, che prevedeva un soggiorno al Cairo di sette mesi. Più precisamente, la ricerca era volta a individuare la trasformazione semantica dei concetti di 'letteratura', 'cultura', 'intellettuale', 'letterato', nell'Egitto moderno e contemporaneo. Il *focus* della mia indagine era il termine arabo *adab* e il suo corrispettivo *adìb* (colui che possiede o esercita l'*adab*), un termine polisemico che, come ha messo in luce la studiosa Mirella Cassarino, «assume valenze diverse a seconda dei contesti e dei secoli nei quali è stato utilizzato». Analizzando l'uso del termine nel X-XI secolo, Cassarino definisce *adab* come «un sistema letterario» che racchiude una serie infinita di volumi di argomento vario.[4] Verso la metà dell'Ottocento, a seguito di un'intensa attività di traduzione di testi letterari occi-

---

[4] Mirella Cassarino, *Le* Notti *di Tawhīdī: variazioni sull'*adab, Rubettino Editore, Soveria Mannelli 2017, p. 30.

dentali in arabo, *adab* inizia via via a indicare la letteratura nel senso in cui noi stessi oggi la intendiamo, mantenendo tuttavia la sua accezione semantica di 'moralità', 'buon costume'. Tale trasformazione aveva provocato un interessante dibattito tra gli intellettuali sulla stampa dell'epoca riguardo alla natura e alle funzioni dell'*adab* nel processo di costruzione nazionale. Negli ultimi anni, tale dibattito è ritornato attuale nel mondo arabo. Qual è il ruolo che copre oggi l'*adab*, in seguito alle rivoluzioni arabe del 2011, la diffusione delle tecnologie digitali, e la maggiore circolazione della letteratura araba a livello globale? E cosa ci si aspetta dall'*adìb*, ovvero l'autore di *adab*? E in che modo il dibattitto intellettuale che ha avuto luogo nei primi del Novecento influenza quello contemporaneo?

Queste erano le domande a cui mi ero proposta di dare risposta durante il mio soggiorno in Egitto, combinando la ricerca storica sulle riviste letterarie di inizio secolo con l'indagine del campo letterario contemporaneo.[5] Ispirata dai metodi della scuola sociologica-letteraria di Bourdieu,[6]

---

[5] Per una risposta preliminare a queste domande, si veda: Teresa Pepe, *Critics, Moralists and Intellectuals: The Transformation of the Udabā' in the Arab Nahḍah: a Historical-Conceptual Approach*, «Oriente Moderno», 99, 1-2 (2019), pp. 179-202.

[6] Pierre Bourdieu, *Le regole dell'arte: genesi e struttura del campo letterario*, trad. it. di Emanuele Bottaro-Anna Boschetti, Il Saggiatore, Milano 2005 [ed. orig. *Les règles de l'art. Genèse et structure du champ littéraire*, Seuil, Paris 1992].

il mio fine era quello di cogliere il valore comunicativo e significante della letteratura in quanto espressione, prodotto e istituzione di un genere artistico in un determinato contesto storico e sociale. A tal fine, i metodi dell'antropologia culturale e della sociologia, combinati all'analisi dell'opera, parevano offrire un valore aggiunto alla ricerca: tramite le interviste sul campo e l'osservazione partecipante a eventi letterari e culturali, intendevo analizzare l'*adìb* (scrittore) nella società del suo tempo, nella sua professione, nella sua generazione e scuola letteraria; l'*adab* come mondo immaginario, stile, genere, prodotto letterario ed editoriale; e infine il pubblico come spazio culturale delle aspettative e delle tendenze di un determinato periodo storico.

Nel campo della letteratura araba, questo approccio è stato utilizzato da una serie di studiosi, tra cui il francese Richard Jacquemond, il quale afferma, nel suo libro *Conscience of the Nation*, che tale metodo sia particolarmente utile per studiare la letteratura in Egitto:

> In Egitto, più che altrove nel mondo arabo, è possibile trovare una lunga tradizione che lega lo Stato alla produzione scritta, alla classe intellettuale, una relazione che risale al XX secolo. Sin dal XX secolo, infatti, lo Stato ha regolato la produzione della stampa, da cui è scaturita più della metà dei prodotti stampati nazionali. Lo Stato ha anche provveduto alla formazione degli intellettuali e scrittori e scrivani che hanno partecipato alla rinascita culturale del XX secolo.[7]

Sebbene lo Stato non abbia più il monopolio sui canali di pubblicazione, secondo Jacquemond, questa triade Stato-autore-opera continua a influenzare profondamente la produzione letteraria e l'ideologia dell'Egitto contemporaneo. Per questo motivo, «le opere letterarie non possono essere comprese senza fare riferimento al discorso extra-letterario, e alla posizione degli autori nel campo del potere».[8]

La censura è uno degli strumenti utilizzati dallo Stato egiziano per esercitare il proprio controllo sul campo letterario. Per quanto essa fosse ampliamente praticata sotto il governo di Nasser e Sadat, la legge sulla censura delle opere letterarie è, in teoria, stata abolita nel 1977. Ciò implica che la pubblicazione dei libri non richiede alcun permesso preventivo, mentre le pubblicazioni importate dall'estero sono sottoposte a controlli da parte del ministero dell'Informazione. L'università islamica di al-Azhar, tuttavia, ha l'autorità di suggerire al governo la presenza di brani che trasgrediscono la morale religiosa e di ordinarne la censura, fattore che ha portato molti scrittori ad adoperare l'auto-censura preventiva. In aggiunta, come ha messo in luce la studiosa egiziana Samia Mehrez, accanto alla censura religiosa, negli ultimi anni si è potuta

---

[7] Richard Jacquemond, *Conscience of the Nation: Writers, State and Society in Modern Egypt*, AUC Press, Cairo-New York 2007, p. 5. La traduzione è mia.

[8] ivi, p. 36.

notare la maggiore influenza della cosiddetta «censura dal basso/popolare» (lett. «di strada»), ovvero l'intervento di attori non-statali, cittadini ordinari, che provano a imporre valori conservatori religiosi sul campo culturale, riportando scrittori e artisti alle autorità.[9]

Nell'Egitto di al-Sisi, tali attori sono stati incoraggiati, tramite una forte propaganda sui canali mediatici nazionali, a vigilare sulla morale religiosa della società in generale, e sulla assoluta fedeltà al regime. I cosiddetti 'cittadini onorevoli', come vengono definiti dal regime, sono gli egiziani che non solo offrono il loro pieno supporto al generale al-Sisi, ma, incoraggiati dallo stesso, assumono il ruolo di guardiani dello Stato, minacciando e denunciando i cittadini sospetti. La presenza di questa forte censura dal basso, combinata con l'ingaggio, da parte del governo, di una folta schiera di agenti di polizia e sicurezza, ha contribuito a creare un'atmosfera politica di paranoia e diffidenza, in cui si vive quotidianamente con il terrore di essere denunciati allo Stato da un momento all'altro, dal vicino di casa, portiere, o amico. Come scrive Wael Iskandar, «ormai la sicurezza è una questione di fortuna».[10]

---

[9] Samia Mehrez, *Egypt's Culture Wars*, AUC Press, Cairo 2010.

[10] Wael Iskandar, *Survival is Also a Form of Resistance*, «Zeit Online», 25 gennaio 2019, https://www.zeit.de/amp/politik/ausland/2019-01/egypt-revolution-repression-military-youth?fbclid=IwAR23h-4t7UFx6F718eutao6UYj_9sSNLydsCDlCbtpda5G_ety8k_1clEOY, ultimo accesso 1.2.2019. La traduzione è mia.

Durante il mio periodo di ricerca al Cairo, dall'agosto 2015 all'aprile 2016, questo terrore si è mostrato evidente in diverse occasioni. Ad esempio, in una conferenza all'Università del Cairo, nel settembre 2015, assisto all'intervento di una studiosa egiziana in cui si fa chiaro riferimento all'impossibilità di parlare liberamente dell'argomento della sua presentazione, ovvero l'attivismo femminista nel periodo post-rivoluzionario, temendo la presenza di agenti governativi in borghese (*mukhabarat*). Molti autori, blogger e giornalisti, che conosco da anni, mi invitano a incontrarci in luoghi chiusi, preferendo le abitazioni private ai caffè per effettuare interviste, temendo per la loro, ma soprattutto per la mia sicurezza.

Allo stesso modo, alla Fiera Internazionale del Libro del Cairo (uno degli eventi culturali più prestigiosi del mondo arabo, tenutasi nel gennaio 2016) si avverte massiccia la presenza militare. Il padiglione del ministero della Difesa è il primo in cui i visitatori si imbattono quando mettono piede nell'edificio principale della fiera. Ci sono solo pochi libri in esposizione, ma molti visitatori si fermano a scattare foto con gli ufficiali in uniforme, che posano compiaciuti.

In più occasioni, avverto un'aria di diffidenza e scetticismo nei confronti dei ricercatori stranieri. Mi imbatto in questo senso di sfiducia alla biblioteca nazionale (*Dar al-Kutub*), dove si custodisce una delle maggiori collezioni di riviste letterarie. Alla mia richiesta di consultare *La Politica Settimanale*[11] (una rivista degli anni Venti, che a differenza di quanto il titolo possa indicare, trattava soprattutto di questioni culturali) l'impiegato, ignaro dei suoi contenuti, mi avverte che non è possibile consultare materiale politico. Insospettito, mi mette in contatto con il direttore della biblioteca, che mi invita a salire nel suo ufficio per un incontro faccia a faccia.

Durante il Festival della letteratura araba del Cairo, sponsorizzato dal ministero della Cultura e altre organizzazioni statali, nonché ambasciate e associazioni culturali straniere, in una discussione sulla letteratura di inizio XX secolo, una mia domanda viene sospettata di avere fini colonialisti. In un'altra sessione dello stesso festival, allo scrittore egiziano Sonallah Ibrahim, noto per la sua opposizione al governo, viene chiesto un parere sulla libertà di espressione in Egitto e lui cambia ironicamente argomento rispondendo: «Si ho preso un taxi per venire qui».

In questo clima politico, non stupisce che Ahmed Nàgi non sia l'unico intellettuale egiziano sotto processo. Nel febbraio 2016, dopo solo un mese dall'accusa a Nàgi, la poetessa Fatma Naut viene accusata di blasfemia per aver criticato sul suo profilo Twitter l'usanza islamica di sacrificare animali durante la festa del sacrificio islamico (*Aid al Aḍha)*. Nell'aprile 2016, il pupazzo Abla Fahita, che conduce un *talk show* sul canale privato satellitare Cbc, viene chiamato in giudizio per violazione della morale pubblica, dopo essere apparso in lingerie sullo schermo esibendo una copia del libro *Cinquanta sfumature di grigio.*

[11] *al-Siyàsa al-Usbu'iyya.*

Per le organizzazioni dei diritti umani, la situazione in Egitto è senza precedenti e per molti la situazione è peggiore di quella dell'era Mubarak. Nel 2016, il commentatore politico Ibrahim Issa ha dichiarato a *Qahira* Tv che, in Egitto, «la repressione contro intellettuali, ricercatori, scrittori e anche caricaturisti sta diventando inquisizione pura e semplice».[12]

Nel 2019, la repressione continua senza alcuna pietà. Secondo il blogger e giornalista Wael Iskandar, essa non è solo mirata a stabilire il controllo e ristabilire l'ordine. È guidata da un sentimento di rivincita da parte di un apparato di sicurezza che non è stato mai smantellato.[13] Non stupisce che questo senso di rivincita sia mirato in particolar modo a quella gioventù intellettuale e cosmopolita che ha guidato le mobilitazioni del 2011.

Ahmed Nàgi e la generazione degli scrittori digitali

Ed è proprio questa gioventù, repressa e derisa dal generale al-Sisi, a cui Nàgi appartiene.

Nato nel 1985, originario di al-Mansura, Nàgi si trasferisce al Cairo nel 2004 per studiare all'Accademia di

---

[12] Catherine Cornet, *I giovani egiziani che il governo fa sparire*, «Internazionale», 5 febbraio 2016, https://www.internazionale.it/opinione/catherine-cornet/2016/02/05/egitto-giulio-regeni-giovani-spariti, ultimo accesso 1.2.2019.

[13] Iskandar, *Survival is also...*

giornalismo. Nello stesso periodo, viene a contatto con i forum digitali e i blog, che diventano sempre più popolari tra i giovani della sua età. Nel 2005 Nàgi apre il suo blog personale intitolandolo *Espandi la tua immaginazione*, con lo scopo di sperimentare nuove forme di scrittura autobiografica, e allo stesso tempo contribuire a formare una comunità sociale fondata sulla libertà di espressione e opinione, lontano della repressione praticata nella sfera pubblica dal governo Mubarak.

In questo modo, Nàgi si unisce a una generazione di scrittori che, partendo dalla rete, si afferma poi gradualmente anche nel mercato letterario nazionale e poi globale. Si tratta di scrittori appartenenti a una fascia sociale medio-alta, definita non in base al reale potere economico, ma perché in qualche modo privilegiata in quanto capace d'accedere all'istruzione superiore e a strumenti telematici d'informazione e comunicazione. Tramite la rete, questi scrittori vengono in contatto con nuove forme di scrittura di tendenza globale, come l'autofinzione, il graphic novel, i fumetti per adulti, la fantascienza, e le adattano ai propri gusti e alle proprie necessità, secondo un'accezione più ampia di *adab* che accoglie anche forme di scrittura inedite fino a pochi anni fa. In un Paese in cui la maggioranza della popolazione è al di sotto dei trent'anni, la gioventù caratterizza il profilo di questi autori, ma ne rappresenta anche l'orizzonte d'attesa. Ciò che accomuna in particolare queste nuove forme letterarie, sono le scelte linguistiche adottate da molti di questi autori, ovvero l'impiego maggiormente diffuso della varietà vernacolare, di stili misti, della lingua standard in una nuova veste – più cruda e graffiante – l'apertura a quelle contaminazioni che si verificano, fuori dalle pagine dei libri, nella vita di tutti i giorni. Secondo la studiosa Lucia Avallone, «l'impiego del turpiloquio o dello *slang* nella scrittura appartiene a una generazione di giovani narratori che invece scelgono di rappresentare l'asprezza della realtà anche attraverso una lingua cruda e spiacevole».[14]

L'opera letteraria di Nàgi è rappresentativa dell'apporto artistico di questa generazione. Tramite il blog, Nàgi sviluppa uno stile di scrittura ironico e autofinzionale, inglobando elementi audiovisuali tratti dalla cultura popolare araba e occidentale, mescolando l'arabo letterario con espressioni colorite e gergali tratte dal linguaggio vernacolare giovanile. Alcune di queste idee stilistiche confluiscono nel suo primo romanzo *Rogers* pubblicato nel 2007. In seguito, Nàgi pubblica altri due libri: un saggio sulla storia della blogosfera, intitolato *La storia dei blog: dal post al tweet* (*Ta'rìkh al-mudawwanāt: min al-bust ila al-twìt*) e un saggio di critica culturale, intitolato *Sette lezioni tratte da Ahmed Mekky* (*Sab' durùs mustaqàt min Ahmad Makki*), oltre a innumerevoli articoli giorna-

[14] Lucia Avallone, *Autori egiziani degli anni Duemila. Blogosfera, graphic e postmoderno: nuovi linguaggi nel panorama letterario arabo*, «Kervan. Rivista internazionale di studi afroasiatici», 13-14 (luglio 2011), pp. 25-46.

listici sulla stampa locale e internazionale, a proposito di argomenti vari, dalla musica, ai graffiti, all'arte visuale.

Vita: istruzioni per l'uso è il suo secondo romanzo, pubblicato dalla casa editrice Dar al-Tanwir a Beirut nel 2014, e poi distribuito al Cairo. Per questo motivo, il romanzo era stato già sottoposto ai controlli di censura sia in Libano che in Egitto.

Il romanzo è emblematico dell'eclettismo artistico di Nàgi. Combina brani in prosa con le illustrazioni grafiche del disegnatore egiziano Ayman al-Zorkany, al punto da poterlo definire un graphic novel. Il romanzo, inoltre, continua la modalità autofinzionale di scrittura che Nàgi aveva già utilizzato nel blog e nel suo primo romanzo. È narrato in prima persona. Il personaggio principale e narratore condivide una serie di elementi biografici con l'autore: ha un blog, vive nel quartiere 6 Ottobre e ha partecipato alle rivolte popolari del 2011. Tuttavia *Vita: istruzioni per l'uso* può essere meglio descritto come un romanzo di fantascienza, e dunque partecipa alla tendenza distopica che domina la letteratura araba contemporanea nel periodo post-rivoluzionario, come si evince dal saggio di Paniconi in questo volume.

Il romanzo si apre con un'immagine del Cairo nel futuro: la citta è stata rasa al suolo da una catastrofe ambientale, che ne ha distrutto l'intero patrimonio storico e culturale. Al suo posto, si erge una capitale futuristica, eretta nel mezzo del deserto, e dominata da un governo dispotico che controlla ogni aspetto del quotidiano: dal vestiario, al cibo, alla pornografia. Bassam, il protagonista, nonché guardiano della città, ormai quarantenne, fa dunque un salto indietro nel tempo, per cercare di ricostruire gli eventi che hanno condotto a questa catastrofe. Nel passato, incontriamo Bassam da ventenne, poco dopo gli eventi della rivoluzione del 2011. Insieme ai suoi amici, il giovane stenta a sopravvivere in una città alienante come il Cairo, dove i rapporti interpersonali sono soffocati dal moralismo religioso, l'ignoranza, il traffico e l'inquinamento. Un giorno Bassam e i suoi amici vengono introdotti alla Società degli urbanisti, una società segreta che vuole distruggere l'architettura millenaria della città per creare un centro futuristico, governato dalle macchine e dalla tecnologia.

Sebbene ambientato nel futuro, il romanzo ha chiari riferimenti al progetto della nuova capitale iniziato dal generale al-Sisi poco dopo la sua ascesa al governo. Tale progetto prevede un enorme investimento finanziario, volto al trasferimento della capitale amministrativa nel deserto con il graduale abbandono del patrimonio storico della città, mentre la maggior parte della popolazione egiziana vive in zone con scarso accesso a beni principali, come acqua ed elettricità.

Il brano che ha causato la controversia e il successivo arresto di Nàgi è il capitolo VI del romanzo. Esso si apre con una scena di Bassam e i suoi amici impegnati a fumare hashish e discutere di *fetish* sessuali:

> Cosa fanno i giovani di vent'anni al Cairo? Leccano pupille, leccano fiche, succhiano cazzi,

> sniffano polvere, inalano hashish misto a sonniferi? Fino a quando questo genere di feticismo continuerà a essere eccitante, innovativo e stimolante? Chi ora siede in questa stanza, da giovane ha provato molte droghe, sia ai tempi dell'università che dopo. Ma guardali, sono come atolli separati, incapaci di dare un senso ai loro giorni senza stare assieme.[15]

Nella scena successiva, Bassam incontra la sua amante, lady Spoon, una donna copta, più grande di lui, che lo accoglie nel suo lussuoso appartamento nell'isola di Zamalek. Qui il romanzo offre una descrizione grafica del loro rapporto sessuale. Secondo l'autore, paradossalmente, questo capitolo racconta giorni felici al Cairo, al contrario dei giorni di perdita e affaticamento che dominano gli altri capitoli:

> Questo capitolo, nello specifico, prova a descrivere un giorno felice per un giovane uomo al Cairo, ma forse una giornata felice è una provocazione troppo grande per il procuratore pubblico![16]

---

[15] Ahmed Nàgi, *Vita: istruzioni per l'uso*, cit., p. 152.

[16] Mona Kareem interviews Ahmed Naji, *The Persecuted Novelist of Dystopian Cairo*, «Los Angeles Review of Books», 11 gennaio 2016, https://lareviewofbooks.org/article/the-persecuted-novelist-of-dystopian-cairo/, ultimo accesso 8.8.2019. La traduzione è mia.

La presenza di descrizioni sessuali, nonché di riferimenti a droghe, non è di certo nuova alla letteratura araba. Inoltre, l'utilizzo di termini gergali quali *kos* (espressione gergale per 'vagina') è da attribuire alla tendenza linguistico-letteraria di cui si parlava prima, volta a integrare il linguaggio gergale giovanile nella letteratura araba. Tuttavia, pare che siano stati questi elementi ad avere indignato il lettore Hani Salah Tawfiq al punto da denunciare l'autore per aver violato la sua morale e quella dell'intera nazione.

L'accusa e il processo contro Ahmed Nàgi

Hani Salah Tawfiq è un avvocato egiziano di sessantacinque anni, nonché, secondo la sua testimonianza, compratore abituale della rivista *Akhbàr al-adab* per le sue figlie appassionate di letteratura. Tawfiq ha dichiarato che, nell'agosto 2014, sua moglie irrompe nella sua stanza con in mano il capitolo scritto da Nàgi, accusandolo di aver portato in casa una rivista pornografica. Schernito e indignato, Tawfiq si reca al commissariato di polizia di Giza, affermando che le espressioni esplicitamente sessuali e il linguaggio volgare utilizzato nel testo gli hanno causato uno shock psicologico. In un'intervista alla rivista inglese *Rolling Stones*, Tawfiq spiega la sua posizione con le seguenti parole:

> Se entri nella mia casa, devi avere un buon comportamento [...]. Non mi interessa se gli altri lo accettano, ma se entri nella mia casa, non puoi dire cose così volgari. Puoi scrivere qualsiasi cosa, e io ho il diritto di accettarlo o rifiutarlo. Ma questo tipo di rivista entra nella mia casa sotto il titolo di *adab* [...]. Mi rifiuto di accettarlo.[17]

Come si può vedere, la testimonianza di Tawfiq illumina l'intersezione dell'*adab* tra la sfera privata e quella pubblica, nonché l'ambiguità semantica del termine, come 'letteratura' e allo stesso tempo 'morale', 'buon costume', anticipata all'inizio di questo capitolo. Secondo Tawfiq e sua moglie, il capitolo VI del romanzo trasgredisce la dimensione morale implicita nel concetto di *adab*, e per questo Nàgi deve essere condannato.

Inoltre, l'accusa di Tawfiq presuppone che il brano pubblicato da Nàgi sia un articolo (*maqàla*), e non un brano finzionale, nonostante il brano fosse presentato come l'estratto di un romanzo (*riwòya*) e pubblicato nella sezione Scrittura creativa (*ibdaa*) della rivista. Di conseguenza, considerato che l'articolo è scritto in prima per-

---

[17] Jonathan Guyer, *Inside the Strange Saga of a Cairo Novelist Imprisoned for Obscenity*, «Rolling Stones», 24 febbraio 2017, https://www.rollingstone.com/culture/culture-features/inside-the-strange-saga-of-a-cairo-novelist-imprisoned-for-obscenity-117295/, ultimo accesso 1.2. 2019. La traduzione è mia.

sona, attribuisce le azioni del personaggio principale Bassam allo stesso autore Nàgi:

> Secondo i documenti ufficiali degli investigatori sarei io stesso a confessare di aver avuto una relazione sessuale con lady Spoon, da quando inizio a baciarle le ginocchia fino a quando tolgo il preservativo, nonché a fumare hashish. [18]

Per supportare questa tesi, la Procura indaga sulla vita privata di Nàgi, e sul suo blog (anch'esso letto come una confessione autobiografica, al contrario di quanto il titolo *Espandi la tua immaginazione* sembri anticipare), alla ricerca di ulteriori elementi che confermino il suo stile di vita degenerato.

La prima fase del processo si svolge nel dicembre 2015. Dopo varie esitazioni mi decido a recarmi in tribunale, accompagnata dall'autore e scrittore Nael Eltoukhy, amico e collega di Nàgi. La Corte giudiziaria si trova a Boulaq, in un quartiere popolare del centro, noto per il mercato dell'usato e le numerose officine meccaniche. Non c'è nessun controllo all'ingresso, e non mi viene neppure chiesto di fornire un documento. Il frastuono della strada si riflette all'interno dell'edificio. Le stanze e i corridoi sono affollati e polverosi, e le voci dei venditori ambulanti che vagano per i corridoi offrendo tè e dolciumi rendono quasi impossibile udire le parole del giudice e della difesa.

---

[18] *ibid.*

L'aula è piena; amici e colleghi di Nàgi siedono tra i banchi dell'aula. Nàgi non si presenta, temendo che la sua presenza possa comportare un arresto immediato. A testimoniare per lui, quel giorno, ci sono tre figure importanti del campo letterario egiziano: Sonallah Ibrahim, romanziere della generazione degli anni Sessanta e, come menzionato prima, noto per aver vissuto in prima persona la censura e l'incarcerazione sotto il regime di Gamal Abdel Nasser; Mohammed Salmawy, romanziere e capo dell'Unione degli Scrittori Arabi; Mahmud al Wardany, giornalista e romanziere, anche lui vittima di incarcerazione per attivismo politico sotto il regime di Sadat negli anni Settanta. La testimonianza dei tre intellettuali illustra la differenza tra un estratto di romanzo e un articolo di giornale; spiega i metodi per studiare un'opera letteraria; chiarisce che la presenza di passaggi sessuali non è nuova alla letteratura araba, e ne illustra la funzione. Dal punto di vista dell'analisi sociologica, i tre autori, che possiedono un capitale sociale più alto rispetto a Nàgi nel campo letterario, utilizzano il proprio potere per difendere e giustificare l'operato del giovane autore.

L'avvocato di difesa di Nàgi introduce nella stanza degli enormi manoscritti. Mostrandoli al giudice, spiega che si tratta di volumi di diritto islamico (*fiqh*) risalenti al XIX secolo, e che recano alcuni dei termini utilizzati nel romanzo sotto accusa. Infatti, come ha spiegato Jacquemond in un articolo pubblicato poco dopo l'accusa, la lingua araba del periodo premoderno abbonda di termini simili, che furono poi aboliti nel XX secolo perché considerati «osceni». Infatti, spiega Jacquemond:

> La rinascita culturale del XX secolo nota come la Nahḍa, ha importato dall'Europa non solo l'idea di nazionalismo, il romanzo, e altri materiali e artefatti culturali, ma anche i valori vittoriani che erano ignari alla cultura araba, con l'aiuto, successivamente, del modello wahhabita islamico diffuso dallo stato saudita […]. Le società arabe non hanno mai smesso di coltivare forme e luoghi di resistenza a questa castrazione morale imposta dalle élite, siano esse religiose o laiche. Forse l'effetto più durevole delle rivoluzioni del 2011 risiede nel fatto che queste rivoluzioni hanno scosso questo modello di dominazione paternalista, patriarcale e puritano. Questo è ciò che spaventa i poteri attuali ed è per questo che il loro primo nemico non è il terrorismo, qualunque esso sia, ma questa gioventù ribelle che si è versata per strada nel 2011, a cui Nàgi appartiene e dà voce.[19]

Nel gennaio 2016, Nàgi e l'editore vengono rilasciati. Il giudice si appella all'articolo 67 della Costituzione

---

[19] Richard Jacquemond, *Ahmed Naji, the Use of Life and the zombies*, «Mada Masr», 23 febbraio 2016, https://madamasr.com/en/2016/02/23/opinion/culture/ahmed-Naji-the-use-of-life-and-the-zombies/, ultimo accesso 1.2.2019. La traduzione è mia.

egiziana, scritta nel 2014, che garantisce esplicitamente la libertà di espressione artistica e letteraria, la libertà di pensiero e opinione, la libertà di stampa, e proibisce l'arresto di artisti e scrittori per le loro opere artistiche. Tuttavia, nel febbraio, l'accusa presenta ricorso, e Nàgi viene richiamato in tribunale, stavolta di persona, e condannato al massimo della pena, ovvero due anni di prigione, secondo l'articolo 178 del Codice penale che criminalizza contenuti che esplicitamente violano la morale pubblica. Tarek al-Taher, caporedattore della rivista *Akhbar al-adab*, viene condannato a una multa di ventimila lire egiziane (più di mille euro, una cifra notevole per lo stipendio medio di un giornalista egiziano), dopo aver dichiarato di non aver letto il capitolo prima di acconsentire alla pubblicazione.

Vale la pena di soffermarsi sulle espressioni utilizzate dal giudice nel rapporto che risponde alle motivazioni della difesa e adduce le ragioni dell'accusa allo scrittore e al suo caporedattore. Secondo la Corte, «l'articolo 67 della Costituzione, che garantisce la libertà artistica, non serve a proteggere coloro che affermano di essere autori, mentre in realtà cadono nella depravazione con l'utilizzo della penna».[20] Ancora: «Nàgi era guidato dall'intento

[20] *Court's Reasoning for #AhmedNàgi's Prison Sentence*, «Egypt Art on Trial», post Facebook, 8 marzo 2016, https://www.facebook.com/notes/egypt-art-on-trial-%D8%B6%D8%AF-%D9%85%D8%AD%D8%A7%D9%83%D9%85%D8%A9-%D8%A7%D9%84%D8%AE%D9

criminale di spingere la gioventù verso i vizi e la depravazione morale».[21] Inoltre, alla ragione fornita dalla difesa riguardo ai manuali di diritto islamico, il giudice risponde che «l'uso di queste espressioni nella letteratura islamica tradizionale era dettato dalla necessità, mentre Nàgi ha scelto di esprimersi nel più volgare dei termini, come si addice alle società più depravate».[22] Tarek al-Taher, invece, è accusato di venir meno alle sue responsabilità come caporedattore della rivista, avendo mancato di proibirne la pubblicazione, contribuendo quindi a danneggiare l'ordine e la morale pubblica.

L'arresto di Nàgi provoca sgomento nella comunità letteraria e politica egiziana. Mi reco a un incontro pubblico (*nadwa*), tenuto pochi giorni dopo nell'ufficio della casa editrice Dar al-Tanwir (che ha pubblicato il romanzo), dove si raccolgono quasi un centinaio di scrittori e artisti egiziani, nonché il celebre romanziere libanese Elias Khoury, finalizzato a decidere le azioni da intraprendere. Molti degli autori presenti dichiarano di essere terrorizzati all'idea di essere denunciati da un momento all'altro per la presenza di espressioni simili nei loro romanzi. Alcuni critici sollevano la questione che l'opera di Mah-

%8A%D8%A7%D9%84/courts-reasoning-for-ahmednajis-prison-sentence/1736188856616584, ultimo accesso 1.2.2019. La traduzione è mia.

21 *ibid.*

22 *ibid.*

fuz, considerato orgoglio della letteratura egiziana e araba, possa anche essa essere considerata una violazione della morale pubblica, data la presenza di descrizioni sessuali esplicite nei suoi romanzi. Si decide di stilare un manifesto in solidarietà all'autore e una petizione per la scarcerazione, e di farli circolare a livello internazionale. Mentre Nàgi viene traferito alla prigione di Tora, sette membri della commissione che ha redatto la Costituzione egiziana pubblicano una dichiarazione condannando l'accusa di Nàgi come «anti-costituzionale'», spiegando che l'accusa contravviene all'articolo 67 della Costituzione. La comunità internazionale si mobilita, sotto lo slogan e *hashtag* «No al processo contro l'immaginazione» (*didd muhakamat al-khayàl*),[23] organizzando campagne online, eventi di sensibilizzazione e letture del capitolo incriminato in diverse città del mondo. Poche settimane dopo, la petizione per il rilascio dell'autore viene firmata da più di ventimila artisti e scrittori egiziani e accademici, che unanimemente criticano «l'attacco del governo a scrittori e giornalisti solo a causa della loro opinioni», e denunciano «il terribile percorso intrapreso dal regime volto a sprofondare il Paese in un abisso, tramite l'assassinio

[23] *Novelists defend Ahmed Naji and editor in court, trial adjourned to January 2*, «Mada Masr», 12 December 2015, https://madamasr.com/en/2015/12/12/news/u/novelists-defend-ahmed-Naji-and-editor-in-court-trial-adjourned-to-january-2/, ultimo accesso 8.8.2019.

dello spazio pubblico e la confisca dello spazio politico».[24] Associazioni internazionali come Pen America, Amnesty International e Human Rights Watch offrono supporto alla causa. Paradossalmente, il romanzo di Nàgi rimane nel frattempo disponibile nelle fiere e nelle librerie del Cairo fino a esaurimento scorte, nonché tradotto in diverse lingue, tra cui l'inglese e l'italiano. I legali di Nàgi consegnano una mozione al procuratore generale dichiarando la sentenza una violazione della Costituzione egiziana; tuttavia essa viene accettata solo dopo numerosi tentativi, nel dicembre 2018, dopo dieci mesi dall'incarcerazione. La prigionia di Nàgi viene sospesa, ma all'autore viene imposto il divieto di abbandonare il territorio egiziano per un ulteriore anno.

Conclusione

Gennaio 2019. Ricevo una mail di Nàgi. È finalmente riuscito a lasciare l'Egitto, e a riunirsi a sua moglie e sua figlia negli Stati Uniti. Da lì continua a scrivere un romanzo e un saggio sul rapporto tra letteratura e diritto. Mi scrive chiedendomi un favore importante: secondo la

---

[24] *Hundreds of Egyptian artists and writers condemn novelist's jailing: show your solidarity*, «Egypt Solidarity», 24 February 2016, https://egyptsolidarityinitiative.org/2016/02/24/hundreds-of-egyptian-artists-and-writers-condemn-novelists-jailing-show-your-solidarity/, ultimo accesso 8.8. 2019.

nuova legge sull'immigrazione introdotta dal governo Trump, Nàgi non ha diritto a restare in America, nonostante sia sposato e padre di una bimba nata sul territorio americano. Impossibilitato a ritornare in Egitto, l'unico modo che ha per restare vicino alla sua famiglia è quello di fare domanda per un visto dedicato «a persone che dimostrano speciali abilità». Mi chiede dunque di scrivere una lettera supportando la sua domanda e allegando gli articoli accademici in cui faccio menzione del suo lavoro.

Quest'ultimo risvolto della vicenda, come il resto degli eventi narrati in questo capitolo, richiama in questione l'importanza delle storie personali e degli esseri umani in carne e ossa che noi ricercatori incontriamo dietro i libri e durante le nostre ricerche, nonché il valore del nostro operato nella vita di queste persone.

Il caso del processo a Nàgi, ricostruito in questo capitolo, seppur diverso nelle modalità e nell'esito da quello di Regeni, contribuisce a fare luce sul tema di questo volume, ovvero sul fatto che Giulio sia stato uno delle tante vittime della repressione della controrivoluzione in Egitto.

La vicenda di Nàgi e quella di Giulio Regeni hanno diversi elementi in comune. Il primo è che gli eventi del processo contro Nàgi coincidono temporalmente con la scomparsa e l'uccisione di Giulio Regeni, e con un periodo politico dominato dalla paura, dalla diffidenza e dalla censura, operata tramite apparati governativi e cittadini ordinari fedeli al governo. Come dimostrano i numeri forniti da associazioni di diritti umani, e come testimoniato da intellettuali e attivisti egiziani, questa repressione politica ha raggiunto livelli storici senza precedenti nella storia dell'Egitto contemporaneo, al punto che è impossibile per chiunque delinearne la traiettoria. Il secondo è che Nàgi, come Regeni, è un giovane uomo spinto dal desiderio di conoscenza, spirito critico e forza immaginifica. Ed è proprio a questa gioventù intellettuale e cosmopolita che il governo di al-Sisi intende dare una lezione. Il terzo fattore è che il caso di Nàgi, come quello di Regeni, ha scatenato una forte campagna di mobilitazione internazionale da parte di specialisti del settore e della società civile, ma trova ancora la resistenza dei governi e degli apparati di potere.

Infine, il racconto del mio percorso di ricerca in Egitto contribuisce al dibattito sollevato in ambito accademico dalla vicenda di Regeni, riguardo alla legittimità della ricerca sul campo come metodo di studio. La ricostruzione del caso di Nàgi chiarisce come, anche nel caso della letteratura, il cui studio si fonda soprattutto su fonti testuali, sia essenziale tenere conto della realtà esterna al testo, del contesto sociale, delle relazioni di potere che si insinuano nel campo di studio, delle storie personali delle persone che incontriamo, dei luoghi in cui si muovono, nonché delle conseguenze dei nostri scritti sulle loro vite.

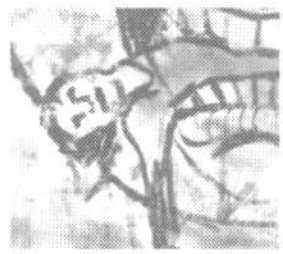

RESISTENZA E CAMBIAMENTO

Gianni Del Panta

DA TAHRIR ALLE FABBRICHE: OPERAI E SINDACATI NELLA RIVOLUZIONE

Introduzione

Movimenti di protesta, insurrezioni e processi rivoluzionari possono essere messi in moto solamente dall'azione di soggetti collettivi. Tra questi, i lavoratori occupano una posizione speciale per svariate ragioni. La concentrazione in grandi complessi produttivi tende a renderli coesi e solidali, mentre una diffusa parificazione nelle loro condizioni sociali ed economiche produce interessi materiali largamente convergenti. Ma soprattutto, attraverso proteste e scioperi, i lavoratori possono bloccare la produzione di merci e servizi, colpendo così al cuore il vigente sistema economico che si fonda sulla costante valorizzazione del capitale. In tal senso, dispongono di un potenziale offensivo che non è eguagliato da nessun'altra classe sociale e attore politico.

Chiunque voglia comprendere la dinamica rivoluzionaria e controrivoluzionaria che si è sviluppata in Egitto nell'ultimo decennio non può quindi fare a meno di prendere in considerazione il movimento dei lavoratori. Ciò non significa, ovviamente, che gli eccezionali stravolgimenti conosciuti dal Paese siano del tutto interpretabili con un 'semplice' riferimento alle azioni di protesta sui luoghi di lavoro. Al contrario, proprio perché un processo rivoluzionario non si innesca fino a quando tutti gli antagonismi sociali non abbiano raggiunto la massima tensione, tutte le classi sono destinate a giocarvi un qualche ruolo. Tuttavia, per i motivi sopra ricordati, e come nitidamente dimostrato da quanto successo in Egitto, dove nel decennio tra il 2007 e il 2016 vi sono state ben 10.949 proteste dei lavoratori, le agitazioni sui luoghi di lavoro hanno spesso un peso rilevante, e persino decisivo, nel corso di una situazione rivoluzionaria.

Lo scopo principale del capitolo è proprio quello di descrivere il ruolo del movimento dei lavoratori egiziani nel corso della rivoluzione e nelle fasi che sono seguite alla piena vittoria della controrivoluzione con il colpo di Stato del 3 luglio 2013. A tal proposito, tre periodi ben distinti vengono individuati. Vale a dire, il processo che ha portato alla caduta del regime di Hosni Mubarak; la successiva lunga transizione rivoluzionaria durata due anni e mezzo circa; e infine la piena restaurazione seguita all'intervento militare guidato dal feldmaresciallo Abdel Fattah al-Sisi.

Al di là di una mera ricostruzione di quanto successo, il capitolo prova anche a fornire una chiave interpretativa. A tale scopo, tre proposizioni sono avanzate.

In prima battuta, si evidenzia come il movimento dei

lavoratori sia risultato decisivo, all'interno di un'ampia convergenza rivoluzionaria, per la sconfitta di Mubarak. Questo risulta vero sia per quanto riguarda la straordinaria ondata di scioperi che a partire dal 2004 ha investito il Paese, sia per quanto concerne l'ingresso dei lavoratori come soggetto collettivo nel fuoco della sollevazione negli ultimi giorni delle proteste.

Secondariamente, sebbene nel corso della transizione, e in particolare nel periodo tra il febbraio e il novembre 2011, le mobilitazioni sui luoghi di lavoro abbiano costantemente limitato i margini di manovra delle classi dominanti, il movimento dei lavoratori non è riuscito a emergere come un soggetto autonomo. Per tale ragione, non solamente ha fallito nell'obiettivo rivoluzionario massimo in una prospettiva marxista, ovvero la conquista e gestione dei mezzi di produzione, ma anche nella creazione di un quadro istituzionale e normativo favorevole alla difesa dei propri interessi.

In terzo luogo, nonostante lo sbandamento iniziale dopo il colpo di Stato militare, i lavoratori sono emersi come la più seria minaccia per la stabilità del regime di al-Sisi. Tale affermazione appare tanto più vera alla luce dell'attuale debolezza dell'ala 'politica' del movimento e in considerazione dello straordinario livello di repressione messo in campo dal regime contro i lavoratori.

Il movimento dei lavoratori e la caduta del regime di Mubarak

Dopo l'avvio del processo di liberalizzazione economica inaugurato da Anwar al-Sadat nel 1974 con l'*infitàh* (apertura), una svolta più decisa in senso liberista si ebbe nel 1991, quando l'Egitto sottoscrisse un programma di riforme economiche con il Fondo monetario internazionale (Fmi). Nello specifico, il piano prevedeva una riduzione del deficit statale e del debito estero attraverso il contenimento della spesa pubblica, una sensibile diminuzione dei sussidi, l'imposizione di nuove tasse, la liberalizzazione dei fitti agricoli, il congelamento degli aumenti salariali e la privatizzazione di trecentoquattordici imprese statali.

Il nuovo scenario sociale ed economico imposto dalla ristrutturazione neoliberista trovò una risposta inizialmente lenta da parte dei lavoratori, che nel corso degli anni Novanta si limitarono a portare avanti proteste circoscritte e settoriali. Non appena però l'assalto a salari e condizioni di vita divenne più acuto, si sviluppò una violenta reazione sui luoghi di lavoro. Il cuore battente di questa ondata di proteste divennero quelle fabbriche statali tessili, potenziate o create *ex novo* durante il periodo nasseriano, nelle quali vi era una fortissima concentrazione di manodopera. Infatti, nonostante il tentativo del regime di Hosni Mubarak di ridurre il numero dei lavoratori nelle aziende statali in dismissione, oltre centoseimila operai rimanevano ancora concentrati in ventisette giganti industriali nel 2006. Di questo mondo, la Misr Spinning and Weaving Company di Mahalla al-Kubra con il suo esercito di circa ventiquattromila lavoratori tessili era il simbolo indiscusso, risultando oltretutto la fabbrica più grande dell'intero Medio Oriente. Proprio qui, con il grande sciopero del dicembre del 2006, le mobilitazioni dei lavoratori sperimenteranno un importante salto di qualità. Per quanto infatti le azioni di protesta fossero rapidamente salite da una media di centodiciotto nel periodo tra il 1998 e il 2003 a duecentosessantacinque episodi nel solo 2004 – quando cioè il cosiddetto governo dei *businessmen* guidato dal primo ministro Ahmed Nazif era entrato in carica – lo sciopero di Mahalla fu un vero e proprio evento trasformativo. Non solamente i lavoratori riportarono una vittoria totale rispetto a una serie di promesse non mantenute dal governo, ma anche le modalità impiegate – dall'utilizzo dell'arma 'offensiva' dello sciopero alla creazione di un comitato *ad hoc* per guidare le proteste – divennero elementi tipici in molte delle successive proteste operaie.

La vittoria ottenuta a Mahalla galvanizzò i lavoratori in tutto il settore tessile, e nei mesi seguenti circa trentamila di loro in una dozzina di fabbriche del Delta del Nilo e di Alessandria parteciparono a molteplici proteste. Nel solo 2007, si contarono oltre seicento episodi di contestazione che coinvolsero circa mezzo milione di lavoratori. Ancora una volta, con il lungo sciopero del settembre 2007, Mahalla emerse come l'epicentro delle proteste operaie. Il nuovo successo incoraggiò le maestranze a chiamare il primo sciopero generale dell'intero comparto tessile della storia repubblicana. La finalità era quella di fare pressioni per l'introduzione di un salario minimo di milleduecento lire egiziane. La data scelta fu il 6 aprile 2008. Gli sforzi furono immensi, ma lo sciopero, fiaccato da un mix letale di repressione e concessioni, non riuscì. Nonostante questo, proprio sulla scia del tentativo di mobilitazione operaia venne fondato il Movimento 6 aprile, che avrebbe poi avuto un ruolo cruciale nel corso della rivoluzione e che testimoniava il significativo avvicinamento tra battaglie politiche e sociali.

Nel complesso, nel corso degli anni Duemila oltre tre milioni di lavoratori parteciparono a qualche forma di rivendicazione sui luoghi di lavoro, determinando così la più lunga e forte ondata di proteste operaie dalla fine degli anni Quaranta e sfidando seriamente il dominio del regime di Mubarak.

Tutte le proteste operaie degli anni Duemila si sono svolte all'interno della cornice legale offerta dalla legge n. 35 del 1976, poi parzialmente emendata negli anni successivi. Questa stabiliva che la Federazione sindacale egiziana, comunemente nota attraverso l'acronimo inglese Etuf, era l'unica rappresentanza legale consentita per i lavoratori. Questa però, cooptata al vertice e sclerotizzata alla base, non poteva essere utilizzata in alcun modo dai lavoratori per avanzare le proprie richieste e rivendicazioni. In modo non sorprendente quindi, soprattutto dopo le iper-fraudolente elezioni per rinnovare la segreteria dell'Etuf nel 2006, il tentativo di costruire sindacati indipendenti era diventato uno dei principali obiettivi del movimento. A dispetto dei tanti tentativi delle *tute blu*, la nascita del primo sindacato indipendente venne ottenuta grazie alla mobilitazione di alcuni *colletti bianchi* statali. Una disparità salariale tra lavoratori governativi centrali e riscossori d'imposta municipali portò infatti i secondi a un lungo ciclo di agitazioni, che culminò alla fine del 2007 con l'occupazione della strada di fronte al ministero delle Finanze. Questa si protrasse per undici lunghi giorni e portò a un aumento salariale record del 325% per i lavoratori. Il comitato di sciopero, fondato e guidato da Kamal Abu Eita, venne trasformato in un vero e proprio sindacato indipendente – noto come Retau – e in un solo anno riuscì a reclutare quasi trentamila lavoratori. Nell'aprile del 2009, in maniera del tutto sorprendente, il ministero del Lavoro riconobbe ufficialmente il sindacato, che divenne così la prima organizzazione autonoma dei lavoratori egiziani dopo oltre mezzo secolo. Incoraggiati da questi sviluppi, altri sindacati indipendenti si formarono tra gli insegnanti, gli operatori sanitari e i postini.

Le proteste di massa contro il regime di Mubarak – scoppiate il 25 gennaio 2011 e risoltesi a distanza di soli diciotto giorni con la cacciata del dittatore – non hanno visto i lavoratori protagonisti, almeno nel corso delle prime due settimane. Al netto della diretta e attiva partecipazione dei settori più avanzati e combattivi del movimento, i lavoratori hanno principalmente appoggiato la rivolta come individui e non come soggetto collettivo. In tal senso, gli scioperi dei cantieri navali a Suez il 26 e il 27 gennaio devono essere considerati come episodi isolati ed eccezionali. In modo analogo, anche la fondazione in piazza Tahrir nel pieno della tempesta rivoluzionaria, il 30 gennaio, della prima federazione sindacale indipendente – Efitu, l'acronimo inglese – non modificò significativamente la capacità di intervento dei lavoratori.

Una delle ragioni che concorre a spiegare l'assenza dei lavoratori nelle mobilitazioni è certamente la decisione presa dal regime di chiudere tutte le attività produttive a partire dal 28 gennaio. Lo scopo era evidentemente quello di evitare che il fervore rivoluzionario muovesse dalle tante piazza Tahrir d'Egitto ai luoghi di lavoro. Quando però, dopo circa due settimane, il regime riaprì fabbriche e uffici pubblici nel tentativo di mostrare come la situazione fosse in fase di normalizzazione, oltre centomila lavoratori dettero vita a una serie pressoché infinita di proteste e scioperi. Lo zenit delle mobilitazioni venne raggiunto il 10 febbraio.

La prima ondata di proteste – concentrata principalmente nei bastioni classici dell'attivismo operaio, da Suez a Mahalla al-Kubra, da Kafr al-Dawwar a Helwan– si sviluppò tra il 6 e l'8 febbraio. Questa venne immediatamente seguita da una seconda, e ancor più radicale, serie di scioperi nei giorni seguenti. Migliaia di impiegati di Telecom Egitto cominciarono ad astenersi dal lavoro, esigendo le dimissioni immediate del gruppo dirigente e un aumento salariale del 10%. Contemporaneamente, il settore petrolifero era bloccato dalle agitazioni dei lavoratori che da Suez si estesero velocemente a Ismailia e Porto Said, mentre lo sciopero proclamato dai lavoratori del trasporto pubblico del Cairo e di Alessandria rendeva difficoltoso muoversi nelle due principali città del Paese. Lo stato di fermento che si respirava nell'intero comparto tessile, con Mahalla al-Kubra nuovamente alla guida delle proteste, determinò il rapido radicalizzarsi di settori che fino a quel momento erano rimasti immuni al tumulto rivoluzionario. Di fronte a numerosi ospedali pubblici, svariati sit-in e manifestazioni di dissenso annunciavano così l'adesione dei camici bianchi alle proteste. Ancora più significativamente però, anche alcune aziende dirette dai militari all'interno del loro gigantesco impero economico cominciarono a entrare in agitazione, mostrando come le procedure e le gerarchie stabilite stessero rapidamente crollando. Questo poneva alle forze armate un dilemma: reprimere il movimento rivoluzionario oppure abbandonare Mubarak. La prima opzione appariva però particolarmente rischiosa per i militari. L'ordine di reprimere violentemente i manifestanti avrebbe infatti incontrato, con ogni probabilità, forti resistenze tra i ranghi inferiori dell'esercito, ovvero, da parte di chi aveva il compito di rendere effettiva la decisione. Questo dipendeva da diversi fattori, il più importante dei quali era però il carattere larghissimo delle proteste in termini ideologici e sociali, aspetto al quale la partecipazione alle proteste da parte del movimento dei lavoratori contribuì in modo decisivo. In un simile contesto, i militari non potevano far altro che sacrificare l'anziano faraone, nella speranza che questo bastasse a deflettere il crescente carattere sociale dell'insurrezione rivoluzionaria.

Un movimento radicale in cerca di egemonia

Invece, la caduta di Mubarak non esaurì in alcun modo il processo rivoluzionario. Al contrario, l'impeto prodotto dalla straordinaria vittoria contro un regime all'apparenza eterno e l'improvvisa apertura di maggiori spazi di contestazione produssero una straordinaria accelerazione delle proteste sui luoghi di lavoro. Nel solo febbraio 2011, tra i centocinquantamila e i duecentomila lavoratori presero parte a 489 scioperi. Il numero delle proteste rimase alto anche nei mesi seguenti, declinando leggermente nel periodo estivo e riprendendo con ancor maggior vigore in autunno. A settembre, oltre mezzo milione di lavoratori – un numero perciò più alto della somma data dall'insieme dei sei mesi precedenti – prese parte attivamente a qualche forma di protesta. In quest'ondata, lo sciopero dell'intero comparto scolastico, al quale parteciparono oltre quarantamila insegnanti, emerse come la protesta più significativa. Non solamente infatti questa era il prodotto di un coordinamento nato realmente dal basso, ma la richiesta di rimuovere il ministro dell'Educazione – un *fulùl*, termine utilizzato per riferirsi ai residui del vecchio regime, lett. «rotto», «sconfitto», dell'era Mubarak – mostrava una tendenza più generale del movimento dei lavoratori, deciso adesso a imporre la completa pulizia (*tathīr*, lett. «purificazione») dei luoghi di lavoro da dirigenti e amministratori direttamente associati con il passato.

La straordinaria vitalità del movimento dei lavoratori tra febbraio e novembre 2011 limitò l'agibilità politica delle forze reazionarie; indebolì l'implicito accordo stretto tra la Fratellanza Musulmana e i militari, che attraverso il Consiglio supremo delle forze armate (Scaf, l'acronimo inglese) guidavano il Paese; e ottenne numerose e importanti concessioni. Tra quest'ultime, oltre all'introduzione di un salario minimo mensile di settecento lire egiziane nel settore pubblico a decorrere dal 1° gennaio 2012, deve essere menzionata la capacità delle organizzazioni sindacali indipendenti – l'Efitu nella circostanza – di esigere le dimissioni del ministro del Lavoro *ad interim* nel nuovo governo formato a inizio marzo. In meno di due settimane, Ismael Ibrahim Fahmi, ex tesoriere dell'Etuf e prima scelta dei militari, venne rimpiazzato da Ahmed Hassan al-Borai, docente all'università del Cairo in diritto del lavoro, conosciuto per le sue posizioni a favore del pluralismo sindacale e apertamente caldeggiato dall'Efitu.

Quanto tale scelta non fosse in alcun modo un'apertura di credito al sindacalismo indipendente, ma bensì un compromesso accettato *obtorto collo* dalle forze armate, divenne lampante il 24 marzo. Attraverso il decreto militare 34, lo Scaf stabiliva una multa di cinquantamila lire egiziane (oltre settanta volte quello che sarebbe presto diventato il salario minimo mensile dei lavoratori statali) per chiunque avesse partecipato a qualche forma di protesta volta a ritardare oppure disturbare il lavoro delle istituzioni pubbliche e delle autorità. In caso di violenze, la multa decuplicava e veniva anche previsto almeno un anno di carcere per i soggetti coinvolti. Qualunque cosa possa essere detta o scritta riguardo allo Scaf, rimane certamente vero che questi uomini sapessero perfettamente da quale parte provenisse il vero pericolo.

Nonostante il tentativo di criminalizzare e screditare le azioni di protesta sui luoghi di lavoro, bollandole come corporative e settoriali, queste raggiunsero quota 1377 nel solo 2011, coinvolgendo oltre un milione di lavoratori. Questi numeri erano più che doppi rispetto a qualsiasi anno del periodo pre-rivoluzione. Tale forza e radicalità nelle proteste dei lavoratori non permise però a questi di giocare un ruolo realmente autonomo nel corso della sollevazione. Tutto ciò emerse chiaramente tra il novembre 2011 e il febbraio 2012, ovvero nel breve momento in cui la seconda e decisiva fase della rivoluzione sembrava finalmente giunta.

Dopo la caduta di Mubarak, il movimento politico aveva vissuto una fase di riflusso, che si era protratta fino alla tarda primavera. A partire da luglio però, piazza Tahrir venne nuovamente occupata a intervalli regolari, mentre imponenti manifestazioni di protesta chiedevano giustizia per i martiri della rivoluzione, la condanna degli esponenti più in vista del regime di Mubarak e la fine del governo guidato *de facto* dai militari. Il varo nel novembre 2011 del cosiddetto documento Silmi (dal nome dell'estensore, il vice primo ministro Ali al-Silmi) che espandeva il campo delle competenze dei militari, produsse un nuovo ciclo di mobilitazioni, che culminarono nelle cinque giornate consecutive di feroci combattimenti in via Muhammad Mahmoud, nelle vicinanze di piazza Tahrir. La capacità delle forze di sicurezza di avere la meglio sui manifestanti dipese anche dal fatto che le mobilitazioni sui luoghi di lavoro non appoggiarono – come invece era avvenuto nelle fasi finali della sollevazione contro Mubarak – le proteste della piazza. Quanto il movimento politico e le agitazioni sindacali corressero ormai su binari meramente paralleli divenne ancora più lampante nel primo anniversario della caduta del regime. Per l'11 febbraio era stato infatti indetto dai gruppi studenteschi e di sinistra uno sciopero generale, ma questo, al di là di alcuni comunicati di solidarietà e annunci formali di partecipazione, non venne sostenuto dalle federazioni sindacali indipendenti. Anche il sindacato dei lavoratori del trasporto pubblico cairota, fondato nel maggio del 2011 e capace di reclutare in pochi mesi ben sedicimila lavoratori su una forza-lavoro di quarantaduemila effettivi, venne seriamente limitato nella capacità di mobilitare i propri iscritti dalla contropropaganda sostenuta dall'Etuf e dalla Fratellanza. Questa, dopo aver conquistato una netta maggioranza nel Parlamento eletto in tre turni tra la fine di novembre e l'inizio di gennaio, boicottò lo sciopero, invitando addirittura i propri simpatizzanti a lavorare un giorno in più per il bene del Paese.

L'incapacità del movimento rivoluzionario di unire

battaglie sociali e politiche dipese da un insieme complesso di fattori, non ultimo la sorprendente mancanza di comitati indipendenti di lavoratori o consigli operai. A differenza di quanto successo in quasi tutti gli episodi rivoluzionari del XX secolo infatti, solamente un numero minimo di aziende – appena dodici – vennero occupate e gestite direttamente dai lavoratori in Egitto. Inoltre, al netto di una sola eccezione, in tutti gli altri casi era stata l'improvvisa dipartita del vertice manageriale che aveva spinto i lavoratori ad assumere il controllo dei mezzi di produzione. In altri termini, nel corso della transizione rivoluzionaria in Egitto non ci fu nessun serio e reale tentativo da parte dei lavoratori di trasformare le relazioni di proprietà esistenti.

Sul versante sindacale invece, la debolezza delle nuove federazioni indipendenti emerse come l'elemento maggiormente critico. La rottura personale tra Kamal Abu Eita, leader e futuro presidente dell'Efitu, e Kamal Abbas, presidente di una delle più famose Ong che si batteva per i diritti dei lavoratori ed ex leader operaio a Helwan, spinse il secondo a formare nell'ottobre del 2011 una nuova federazione (l'Edlc, secondo l'acronimo inglese). Questa dichiarò immediatamente l'affiliazione di ben centoquarantanove sindacati, mentre nel corso del proprio primo congresso – il 28 gennaio 2012 – l'Efitu ne rivendicava centodiciotto. Nell'aprile del 2013, quando finalmente anche l'Edlc tenne il proprio convegno fondativo, le due federazioni indipendenti annunciavano congiuntamente il sostegno di oltre milleottocento sindacati per un totale di tre milioni di lavoratori circa. Questi numeri rappresentano certamente un'esagerazione. Non vi erano sindacati indipendenti in alcuna delle roccaforti del movimento operaio – ad esempio, Mahalla al-Kubra e Helwan – così come, al netto di sporadiche eccezioni, nel settore privato. Inoltre, le due federazioni indipendenti, indebolite entrambe dalla divisione, operavano in un contesto alquanto difficile, fiaccate da una scarsa legittimità, dalla poca esperienza dei rispettivi gruppi dirigenti, dalle limitate risorse finanziarie – visto il monopolio mantenuto dall'Etuf sui fondi sociali, pensionistici, e sul prelievo dei contributi pagati dai lavoratori – e dall'assenza di ogni riconoscimento formale da parte dello Stato, con la legge sul pluralismo sindacale rimasta lettera morta.

Per quanto nel corso del 2012 le azioni collettive di protesta da parte dei lavoratori aumentarono ancora raggiungendo quota 1969, la loro capacità di influenzare le scelte politiche diminuì drasticamente. Tre episodi sono, al riguardo, significativi. Nel maggio del 2012, lo Scaf riuscì a nominare Ismael Ibrahim Fahmi – ovvero, quella che rimaneva la prima scelta dei generali – ministro del Lavoro *ad interim*. A differenza di quanto avvenuto nel marzo 2011, questa volta i sindacati indipendenti non riuscirono però a ottenerne l'allontanamento. In secondo luogo, nell'ottobre 2012, Hussein Megawer, ex presidente dell'Etuf, assieme ad altri ventitré alti funzionari del partito di Mubarak, veniva definitivamente prosciolto – testimoniando così la ritrovata fiducia degli apparati statali nella loro piena impunità – da ogni responsabilità con riferimento alla cosiddetta «battaglia dei cammelli», combattuta in piazza Tahrir il 2 febbraio 2011 tra i manifestanti e criminali vari assoldati dal regime. Infine, il movimento operaio organizzato non riuscì a trovare nessuna reale sponda politica. Nelle elezioni parlamentari, l'unico sindacalista che aveva ottenuto un seggio era stato Abu Eita. Oltre a lui, in una camera bassa con cinquecentootto membri, gli esponenti simpatetici, almeno formalmente, alle istanze dei lavoratori non superavano le poche decine. Questa tendenza venne rafforzata dalle elezioni presidenziali del maggio/giugno 2012, dove nonostante l'ottima performance al primo turno di Hamdeen Sabahi (nasserista ed esponente della stessa formazione politica di Abu Eita), il ballottaggio vide la sfida tra l'ultimo primo ministro di Mubarak, Ahmed Shafiq, e l'esponente della Fratellanza, Mohammed Morsi. Vale a dire, tra due figure egualmente avverse agli interessi dei lavoratori.

Il tentativo di Morsi di aggirare, una volta eletto presidente, le severe limitazioni che le decisioni prese dallo Scaf in alleanza con la Corte costituzionale avevano posto al suo operato porterà al famoso decreto presidenziale del 22 novembre 2012. Questo gli concedeva ampie prerogative e lo immunizzava dalla supervisione del potere giudiziario, provocando l'immediata e scontata reazione di tutte le opposizioni. Nel coagularsi di un diffuso malcontento nei confronti del governo della Fratellanza, un ruolo importante venne giocato dall'ondata di scioperi del dicembre 2012, ai quali aderirono quarantamila lavoratori circa. Questi erano una reazione alla frettolosa approvazione della nuova Costituzione, al rapido peggioramento delle condizioni sociali ed economiche, al nuovo prestito da quasi cinque miliardi di dollari pattuito con il Fmi, e al tentativo della Fratellanza di controllare l'Etuf attraverso una riforma della legge n. 35. Nei soli primi sei mesi del 2013, il numero delle agitazioni dei lavoratori salì a quota 1972, con una media di oltre trecento episodi per mese. In realtà però, questa ondata di mobilitazioni non andava di pari passo con una maggiore capacità del movimento dei lavoratori di giocare un ruolo autonomo ed egemonico sullo scacchiere politico. Tutto questo venne confermato in primavera, quando con la finalità di chiedere le dimissioni di Morsi ed elezioni anticipate prese avvio la campagna *Tamarod* («ribellione»). L'obiettivo di raggiungere quindici milioni di firme – ovvero, un numero più alto dei voti ottenuti da Morsi al secondo turno delle presidenziali – venne appoggiato con decisione dalle federazioni sindacali indipendenti. Inoltre, dopo le partecipate mobilitazioni contro l'esecutivo della Fratellanza del 30 giugno e il conseguente ultimatum di quarantotto ore di al-Sisi a Morsi per il varo di un governo *ad interim*, sia l'Efitu che l'Edlc sostennero la prova di forza dell'esercito. L'indisponibilità di Morsi ad accettare le condizioni imposte dai militari, portò i secondi ad agire, deponendo il governo. La controrivoluzione trionfava così con il beneplacito di tutto il sindacalismo indipendente.

L'inverno della controrivoluzione e la tenacia operaia

Nel secondo semestre del 2013 il numero di azioni di protesta da parte dei lavoratori scese drasticamente, fermandosi a quota duecentosessantasette episodi. Questo dato, soprattutto se confrontato con quanto era successo nei primi sei mesi dello stesso anno, quando si erano invece registrate quasi duemila agitazioni, testimonia inequivocabilmente la repentina discesa della temperatura politica sui luoghi di lavoro nel periodo immediatamente successivo al colpo di Stato di al-Sisi. Tre fattori aiutano a comprenderlo. In primo luogo, deve essere menzionata la larghissima convergenza di forze politiche che aveva prima sostenuto la campagna di *Tamarod* e successivamente il colpo di Stato: dal campione del liberalismo in Egitto, Mohammed El Baradei, al *fulùl* Ahmed Shafiq, dal nasserista Hamdeen Sabahi all'ex presidente della Lega araba Amr Moussa. Inoltre, almeno in un primo momento, anche i movimenti giovanili e le forze di sinistra – sia istituzionali che rivoluzionarie – fornirono il proprio contributo al formarsi di questa ampia e implicita coalizione contro il governo della Fratellanza. Questo concorre a spiegare come mai agli occhi di moltissimi egiziani – e tra questi, anche i lavoratori – il colpo di Stato rappresentasse in realtà una riaffermazione della volontà popolare che era stata tradita dagli islamisti al potere. Secondariamente, entrambe le principali federazioni sindacali indipendenti, così come la pressoché totalità delle organizzazioni che si battevano per i diritti dei lavoratori, mostrarono aperta simpatia per l'intervento dei militari. Nelle settimane seguenti al golpe Kamal Abu Eita – il simbolo del sindacalismo indipendente in Egitto – accettava di entrare a far parte del governo nominato dal presidente *ad interim* Adly Mansour nelle vesti di ministro del Lavoro. In una giravolta a centoottanta gradi, Abu Eita, per accreditarsi presso i militari, invitava adesso i lavoratori che erano stati campioni degli scioperi sotto il precedente regime a diventare campioni di produttività. In maniera non sorprendente, quando le forze di sicurezza dispersero violentemente uno sciopero a Suez solamente un mese dopo la sua nomina a ministro, Abu Eita rimase in rigoroso silenzio. I lavoratori avevano così perso l'appoggio di quel dirigente che era emerso come la voce più autorevole nel panorama del sindacalismo egiziano. Infine, si deve sottolineare il tentativo del regime di cooptare il movimento dei lavoratori. Con tale finalità, a settembre, il governo annunciava l'introduzione di un salario mensile minimo per tutti gli statali di milleduecento lire egiziane. Come abbiamo visto, questa era proprio una delle rivendicazioni del movimento sindacale. Per quanto sia corretto evidenziare come, stante l'alto livello dell'inflazione negli ultimi anni, l'aumento reale delle buste paga non fosse quanto richiesto dai lavoratori nel 2008, l'impatto simbolico e anche materiale della decisione fu certamente rilevante, convincendo alcuni lavoratori che fosse finalmente giunto un governo amico.

Tali aspettative naufragarono però prestissimo. Il primo gennaio 2014, il governo rendeva effettivo l'aumento salariale annunciato. Tuttavia, questo riguardava solamente i sei milioni circa di impiegati statali, escludendo quindi gli operai che lavoravano in aziende di proprietà pubblica. Inoltre, nel salario pagato venivano adesso conteggiati anche tutti i bonus e le integrazioni. La risposta del movimento non tardò a farsi sentire. Tra gennaio e febbraio, circa centomila lavoratori parteciparono a numerosi scioperi e manifestazioni, riportando l'effervescenza operaia ai livelli massimi dal maggio 2013, quando Morsi era ancora presidente. Il copione era il solito. Mahalla al-Kubra alla guida e le altre roccaforti del movimento – dai lavoratori del trasporto pubblico cairota agli operai di Helwan, dai postini agli altri lavoratori tessili delle fabbriche del Delta del Nilo – in appoggio. Incapace di assicurare la pace sociale per la quale era stato nominato, Abu Eita, dopo il cambio di gabinetto a fine febbraio deciso in vista dell'imminente incoronazione di al-Sisi a presidente, veniva accantonato come ministro del Lavoro. Questa decisione non influì minimamente sulle proteste dei lavoratori che nel 2014 raggiunsero la ragguardevole quota di 1655 episodi. D'altronde, a dispetto della propaganda del regime, che provava a bollare ogni azione di protesta come un complotto ordito dalla Fratellanza – dichiarata organizzazione terroristica nel dicembre 2013 – e rilanciava megagalattici progetti di sviluppo – dal raddoppio del Canale di Suez alla costruzione di una nuova capitale tra il Cairo e Suez stessa – la situazione sociale ed economica del Paese rimaneva difficilissima. In tale contesto, al-Sisi era costretto, nel luglio del 2014, a tagliare i sussidi sul carburante e l'elettricità con il conseguente imminente rialzo dei prezzi fino al 78%.

Nei fatti, la piena continuazione di politiche neoliberiste significava che il movimento dei lavoratori non poteva essere cooptato, neanche in funzione secondaria e passiva, all'interno della nuova coalizione dominante. L'impossibilità dell'utilizzo della 'carota' lasciava quindi al regime solamente il 'bastone'. In vista delle celebrazioni del Primo maggio 2015, l'Etuf annunciava l'adozione di un codice d'onore del lavoro tramite il quale si impegnava a non scioperare; una decisione peraltro non sconvolgente, dato che la federazione aveva appoggiato solamente uno sciopero a partire dal 2003. Più seriamente, il giorno successivo la Corte amministrativa suprema stabiliva che, in conformità con la legge islamica, i lavoratori statali che avessero scioperato potevano essere prepensionati con l'accusa di aver danneggiato il settore pubblico. Il numero di proteste sui luoghi di lavoro scese a novecentotrentaquattro nel 2015 e a settecentoventisei nel 2016, numero, quest'ultimo, che rimaneva peraltro più alto di qualsiasi anno dell'era Mubarak. Un ancor più pesante giro di vite contro i lavoratori è poi giunto con il varo di una nuova legge sul sindacato, la n. 213 del dicembre 2017. La nuova legislazione ha criminalizzato qualsiasi forma di mobilitazione, ha dissolto tutti i sindacati indipendenti, ha vietato nei fatti tutte le organizzazioni al di fuori dell'Etuf, e ha stabilito una condanna fino a quindici anni di carcere per chi non rispetti le disposizioni sulla formazione dei sindacati indipendenti.

A partire dal 2016, vi sono stati licenziamenti di massa per proteste pacifiche in almeno quattordici aziende, centocinquantuno tra lavoratori e sindacalisti sono stati arrestati, mentre ventisei operai dei cantieri navali di Alessandria, passati sotto la proprietà del ministero della Difesa nel 2007, rimangono al momento sotto processo militare, dopo aver già perso il proprio posto di lavoro e aver speso cinque mesi in carcere. La loro unica colpa è quella di aver partecipato a uno sciopero nel maggio 2016. In questo contesto, lo scoppio di un nuovo lungo e combattivo sciopero a Mahalla al-Kubra nell'agosto del 2017 ha i contorni della straordinarietà. Soprattutto, questo ci testimonia come repressione e criminalizzazione abbiano eroso, anche significativamente, le capacità offensive del movimento dei lavoratori, ma non ne abbiano intaccato la tenacia.

Conclusioni

Quanto si è messo in moto in Egitto il 25 gennaio 2011, al termine di una molecolare accumulazione di energie radicali durata oltre un decennio, è stato certamente uno dei più straordinari processi rivoluzionari degli ultimi decenni. In questi eventi, nessun attore collettivo è risultato tanto rilevante quanto il movimento dei lavoratori. Infatti, questo è prima emerso come la più seria minaccia al regime di Mubarak, dando vita a una serie infinita di scioperi, e poi come l'elemento decisivo per determinare l'allargamento sociale della convergenza rivoluzionaria che si era creata nel corso della sollevazione. Proprio l'ingresso dei lavoratori nel fuoco della rivolta ha definitivamente alterato i rapporti di forza a favore dell'opposizione, decretando la caduta di Mubarak. Successivamente, nella fase della transizione rivoluzionaria, e in special modo nei mesi fino al primo turno delle elezioni parlamentari del novembre 2011, le mobilitazioni dei lavoratori hanno costantemente limitato i margini di manovra delle forze reazionarie, strappando concessioni ai militari e imponendo anche alcune delle proprie richieste.

Eppure, nonostante le 5318 azioni di protesta sui luoghi di lavoro negli appena due anni e mezzo di transizione, il movimento dei lavoratori non è riuscito a ottenere una radicale ristrutturazione dei rapporti di forza a proprio vantaggio. La non emersione di consigli operai nelle fabbriche e negli uffici, così come la debolezza delle giovani federazioni sindacali indipendenti, hanno impedito ai lavoratori di giocare un ruolo realmente autonomo, forzandoli nella comunque perdente scelta di sostenere uno dei due rami della controrivoluzione: la Fratellanza Musulmana oppure l'esercito. Gli uomini con le stellette sono così tornati alla guida del Paese con il sostegno del sindacalismo indipendente, poi rapidamente spazzato via dalla durissima repressione che si è abbattuta contro ogni forma di dissenso presente nel Paese. L'Egitto conta oggi decine di migliaia di prigionieri politici, centinaia di condanne alla pena capitale che rimangono in sospeso, e un grado di militarizzazione della vita politica senza precedenti. In tale contesto, le proteste dei lavoratori sono gradualmente diminuite. Nonostante tutto però, le agitazioni sui luoghi di lavoro continuano a rimanere uno dei pochi segnali di vitalità di una società soffocata dalla repressione statale. Insomma, sembra proprio che qualora un nuovo ciclo rivoluzionario dovesse riattivarsi, questo non potrebbe che partire dalle proteste dei lavoratori. Sfortunatamente però, anche il regime appare ben consapevole della cosa.

Bibliografia

Abdalla Nadine, *Neoliberal Policies and the Egyptian Trade Union Movement: Politics of Containment and the Limits of Resistance*, in Emel Akçali (a cura di), *Neoliberal Governmentality and the Future of the State in the Middle East and North Africa*, Palgrave MacMillan, New York 2016.

Abdelrahman Maha, *Egypt's Long Revolution: Protest Movements and Uprisings*, Routledge, London-New York 2014.

Achcar Gilbert, *Morbid Symptoms: Relapse in the Arab Uprising*, Saqi Books, London 2016.

Alexander Anne-Bassiouny Mostafa, *Bread, Freedom, Social Justice: Workers and the Egyptian Revolution*, Zed Books Limited, London 2014.

Barrie Christopher-Ketchley Neil, *Opportunity Without Organization: Labor Mobilization in Egypt after the 25th January Revolution*, «Mobilization: An International Quarterly», 23, 2 (2018), pp. 181-202.

Bayat Asef, *Revolution without Revolutionaries: Making Sense of the Arab Spring*, Stanford University Press, Stanford 2017.

Beinin Joel, *Workers and Thieves: Labor Movements and Popular Uprisings in Tunisia and Egypt*, Stanford University Press, Stanford 2015.

Del Panta Gianni, *Cross-Class and Cross-Ideological Convergences over Time: Insights from the Tunisian and Egyptian Revolutionary Uprisings*, «Government and Opposition: An Internal Journal of Comparative Politics», 2019, pp. 1-19.

De Smet Brecht, *Gramsci on Tahrir. Revolution and Counter-Revolution in Egypt*, Pluto Press, London 2016.

Front Line Defenders, *Striking Back: Egypt's Attack on Labour Rights Defenders*, «Front Line Defenders», january 2019.

Ketchley Neil, *Egypt in a Time of Revolution. Contentious Politics and the Arab Spring*, Cambridge University Press, Cambridge 2017.

Francesco De Lellis

Ai *margini* della rivoluzione. Lotte, sindacati e attivismo nelle campagne egiziane

> Non era soltanto quello che succedeva in piazza Tahrir; in ogni villaggio e in ogni frazione di ogni villaggio c'era un'altra piazza come Tahrir.[1]

L'immagine simbolo della rivoluzione egiziana – e per estensione icona delle cosiddette «Primavere arabe» – è senza dubbio quella di piazza Tahrir al Cairo. L'esperienza dell'occupazione, le forme di democrazia radicale e di autogestione in essa praticate, la sovranità su uno spazio centrale come quello della piazza più importante della capitale egiziana interamente sottratto al potere statale, hanno rappresentato l'emergere di una nuova soggettività politica, costituitasi proprio a partire da quella stra-

[1] Giovane attivista di un villaggio rurale, cit. in Lila Abu-Lughod, *Taking Back the Village. Rural Youth in a Moral Revolution*, «Middle East Report», 272 (2014), p. 13.

ordinaria mobilitazione. La piazza prefigurava in sé l'embrione della società futura a cui aspiravano i rivoluzionari egiziani e arabi.[2] La centralità fisica e politica di Tahrir ha fatto sì che la rivoluzione egiziana fosse identificata nell'immaginario comune essenzialmente con la piazza e con i leggendari diciotto giorni che hanno portato alla caduta di Mubarak. Una narrazione molto diffusa tra certa informazione giornalistica e in alcuni approcci accademici l'ha inoltre dipinta, spesso romanticamente, come una rivolta della «generazione Facebook», animata cioè in prevalenza da giovani istruiti di classe media, scatenata dalla diffusione dei *social media*, e orientata alla rivendicazione di riforme democratiche e libertà civili.

È certamente vero che Tahrir, il Cairo, e più in generale le grandi città egiziane, sono state epicentro e motore della rivolta. I moti che hanno scosso il Paese tra il 25 gennaio e l'11 febbraio 2011 sono stati un fenomeno prettamente urbano. Allo stesso modo, è innegabile che i movimenti giovanili e i nuovi mezzi di comunicazione siano stati fondamentali nel definirne il carattere. Tuttavia, una fotografia 'istantanea' della rivoluzione, concentrata sulla piazza e sugli eventi del 2011, rischia di oscurarne la portata geografica e temporale ben più ampia. È dunque opportuno ampliare lo sguardo e considerare la

[2] Asef Bayat, *Revolution without Revolutionaries. Making Sense of the Arab Spring*, Stanford University Press, Stanford 2017.

lunga rivoluzione egiziana[3] come un processo, iniziato almeno un decennio prima dell'insurrezione del 2011 – e tutt'ora in corso – al quale hanno preso parte in modi diversi tutti i settori della società, dagli operai di fabbrica ai contadini dei villaggi, dai poveri delle metropoli ai comuni cittadini di qualsiasi estrazione e provenienza geografica.

In particolare, le narrazioni dominanti sulla rivolta hanno spesso ignorato il ruolo delle classi popolari e delle aree marginali del Paese. Nello specifico l'Egitto rurale e la popolazione contadina (generalmente considerati bacino di consensi per le forze controrivoluzionarie del vecchio regime o per i movimenti islamisti) sono stati spesso assenti dal quadro. In realtà, nella fase politica seguita alla caduta di Mubarak nelle campagne si è assistito a diffuse mobilitazioni contadine e all'avvio di un processo di sindacalizzazione su vasta scala. Lungi dall'essere esplosioni estemporanee di un vago malcontento sociale, queste lotte vanno lette come lo sviluppo di conflitti sedimentati da almeno un quindicennio. Anni di espropri e leggi in favore dei grandi proprietari (accompagnati spesso da violenze) hanno ampliato le disuguaglianze e inasprito il risentimento dei piccoli contadini egiziani, che nel tempo hanno risposto in diversi modi, a volte organizzandosi e resistendo, altre volte optando per

---

[3] Maha Abdelrahman, *Egypt's Long Revolution: Protest Movements and Uprisings*, Routledge, London-New York 2015.

una ritirata 'tattica' dal terreno dello scontro con il regime. La storia di queste reazioni dal basso e dei moti che esse hanno suscitato nel resto della società egiziana merita di essere riscoperta e raccontata.

Prima della rivolta: la controriforma agraria, l'*intifada* contadina e un nuovo ciclo di proteste

Ancora oggi povertà e diverse forme di marginalizzazione ed esclusione sociale in Egitto hanno un'incidenza maggiore tra la popolazione rurale, e in particolare tra coloro che sono direttamente impiegati nel settore agricolo. L'attacco alla sopravvivenza dei piccoli contadini e le sistematiche violazioni dei diritti umani che l'hanno accompagnato hanno raggiunto l'apice verso la fine degli anni Novanta, quando il settore agricolo ha rappresentato il primo, drammatico, terreno di sperimentazione dell'accelerazione in senso neoliberista del regime di Mubarak.

I piccoli contadini[4] in Egitto sono definiti dagli studiosi Habib Ayeb e Reem Saad *l'ossatura portante* dei sistemi alimentari locali,[5] custodi di un modello produt-

---

[4] Con il termine «piccoli contadini» si fa riferimento qui principalmente a contadini con possedimenti inferiori a 5 *feddan* (1 *feddan* = 0,4 ettari), proprietari o fittavoli, che lavorano direttamente la propria terra.

[5] Habib Ayeb-Reem Saad, *Gender, Poverty and Biodiversity Conservation in Rural Egypt and Tunisia*, relazione non pubblicata presentata al

tivo che solo può garantire la sovranità alimentare e la sostenibilità ambientale. In riferimento alle politiche che negli ultimi trent'anni in Egitto hanno minato l'accesso alla terra, all'acqua e ad altre risorse fondamentali, Ayeb, geografo a lungo impegnato nello studio dei sistemi contadini in Egitto, nel 2010 ha posto la questione della *scomparsa del fellàh* («contadino» in arabo).[6] Ayeb sostiene che l'obiettivo di tali politiche fosse infatti quello di eliminare definitivamente la piccola azienda agricola per spianare la strada all'agricoltura moderna e industrializzata. Le conseguenze sono state da una parte un processo di ri-concentrazione della proprietà terriera nelle mani di pochi, e dall'altra una ulteriore frammentazione dei piccoli e medi possedimenti, che ha reso sempre meno praticabile un modello di agricoltura familiare come principale fonte di sostentamento.[7] Oggi l'80% dei piccoli contadini lavora part-time o full-time al di fuori della propria terra in altre attività, agricole e non,[8] e oltre la metà dei contadini con meno di due *feddan* vive al di sotto della soglia di povertà di due dollari al giorno.[9]

---

workshop *Agriculture & Food Production in the Shadow of the Arab Oil Economy*, Amman 2012.

[6] Habib Ayeb, *La crise de la société rurale en Égypte. La fin du Fellah?*, Karthala, Paris 2010.

[7] ivi, cap. III.

[8] Habib Ayeb-Ray Bush (a cura di), *Marginality and Exclusion in Egypt*, Zed Books, London-New York 2012, p. 78.

[9] Ayeb, *La crise de la société rurale en Égypte...*, cit., cap. I.

Un'inversione di tendenza nelle politiche agrarie a vantaggio della borghesia rurale e dei grandi proprietari era iniziata già dalla metà degli anni Settanta nel quadro delle politiche di *infitàh* («apertura economica») del presidente Anwar al-Sadat, proseguite poi con continuità dal suo successore Hosni Mubarak. Attraverso una serie di misure vennero indebolite alcune garanzie per i fittavoli,[10] venne abolito di fatto il tetto massimo imposto alla proprietà agricola,[11] infine i servizi di credito e commercializzazione furono gradualmente trasferiti dalle cooperative statali al sistema bancario privato.[12] Di conseguenza, già sul finire degli anni Settanta gli indici di povertà e diseguaglianza tra la popolazione rurale sono cominciati ad aumentare nuovamente, in parallelo alla percentuale di famiglie senza terra, dopo circa due decenni di lieve ma costante miglioramento. È a partire da questi anni che si inizia ad assistere al fenomeno delle migrazioni rurali verso le città o verso l'estero, spinte anche dal boom del

---

[10] John Waterbury, *The Egypt of Nasser and Sadat. The Political Economy of two regimes*, Princeton University Press, Princeton 1983, p. 285.

[11] Hasanain Kishk, *Agrarian Reform and its Undoing*, in Housing and Land Rights Network, *The Land and its People. Civil Society Voices Address the Crisis over Natural Resources in the Middle East/North Africa*, 2015, pp. 87-96.

[12] Simon Bromley-Ray Bush, *Adjustment in Egypt? The Political Economy or Reform*, «Review of African Political Economy», 21, 60 (1994), pp. 201-13.

mercato petrolifero.[13] Dopo appena due decenni in cui il divario tra aree urbane e zone rurali si era andato accorciando grazie a profonde riforme sociali, dalla metà degli anni Settanta il processo di ristrutturazione dell'economia in Egitto ha intaccato significativamente le garanzie per i piccoli produttori agricoli, minando gradualmente i pilastri del contratto sociale stabilito negli anni Cinquanta e Sessanta con le riforme agrarie.

Uno spartiacque fondamentale è stata la legge n. 96 del 1992, la cosiddetta «legge sugli affitti», che ha smantellato alcune delle principali garanzie introdotte dalle riforme agrarie del periodo nasseriano, al punto da essere definita da alcuni una vera e propria 'controriforma', o 'controrivoluzione', agraria.[14] Era forse dalla Rivolta del pane del gennaio 1977 (che aveva messo in seria difficoltà l'allora presidente Sadat costringendolo a ritirare alcune misure di austerità) che il regime aveva rinunciato a introdurre provvedimenti così socialmente dirompenti. La legge, entrata definitivamente in vigore nell'ottobre 1997, ha rimesso al centro la questione dell'accesso alla terra, aprendo a una nuova fase di espropriazione e accumulazione, a danno delle categorie più fragili e a tutto vantaggio delle vecchie famiglie latifon-

---

[13] Waterbury, *The Egypt of Nasser and Sadat…*, cit., p. 296.

[14] Ray Bush, *Land Reform and Counter-Revolution*, *id.* (a cura di), *Counter-Revolution in Egypt's Countryside*, Zed Books, London-New York 2002, pp. 3-31.

diste e della nuova élite di investitori legata al regime di Mubarak. L'entrata in vigore della legge n. 96 sugli affitti fu accompagnata da una lunga scia di scontri e violazioni. All'incredulità di molti che ritenevano quelle terre un diritto ormai acquisito e inalienabile fece seguito l'esodo di circa un milione di piccoli contadini, espropriati e costretti ad abbandonare i possedimenti concessi dalle riforme agrarie.[15]

Ma l'attesa *intifada* («sollevazione») contadina, temuta dal governo e auspicata da alcuni settori delle sinistre, non si realizzò. Al suo posto esplose una miriade di conflitti locali, nei quali spesso a pagare il prezzo più alto con le forze di sicurezza e le bande armate al soldo dei grandi latifondisti sono stati proprio i contadini. centodiciannove morti, ottocentoquarantasei feriti e oltre millecinquecento arresti è il bilancio approssimativo dei primi due anni di applicazione della legge n. 96 e degli scontri legati a essa tra il 1998 e il 2000.[16] La mancata informazione sugli effetti della riforma, l'estrema frammentazione e dispersione geografica delle comunità coinvolte, la scarsità di risorse a disposizione di una popola-

---

[15] Reem Saad, *Egyptian Politics and the Tenancy Law*, in Ray Bush (a cura di), *Counter-Revolution in Egypt's Countryside*, Zed Books, London-New York 2002, pp. 103-25.

[16] Ray Bush, *Civil Society and the Uncivil State. Land Tenure Reform in Egypt and the Crisis of Rural Livelihoods*, in United Nations Research Institute for Social Development (Unrisd), *programme Civil Society and Social Movements (2000-2009)*, 30 maggio 2004.

zione per lo più povera e poco istruita, sono stati alcuni dei fattori strutturali che hanno pesato gravemente sulla debolezza di questo movimento di protesta. La mancanza di esperienze politiche e sindacali, e l'assenza di canali di rappresentanza hanno impedito in un primo tempo l'emergere di una risposta collettiva forte. Inoltre, la repressione statale e parastatale ha minato da subito qualsiasi tentativo di reazione più organizzata, che pure iniziava a emergere spontaneamente in molte località, e ha sistematicamente puntato a troncare le connessioni che cominciavano a crearsi tra comunità contadine e attivisti, partiti di opposizione e gruppi della società civile. Contro i contadini che opponevano resistenza agli sgomberi e contro i loro alleati il regime impiegò le stesse leggi di emergenza emanate per contrastare il terrorismo e i gruppi di opposizione islamisti.[17]

Infine, c'è da considerare anche il ruolo limitato e contraddittorio di alcune organizzazioni della sinistra parlamentare dell'epoca. Nel sistema 'pluralista' di quel periodo l'unico partito di sinistra legalmente riconosciuto era il Partito nazionale unionista progressista, anche noto semplicemente come *Tagammu*. Diviso al suo interno tra una componente contraria alla legge e solidale con i contadini e un'altra timorosa di suscitare un forte movimento popolare che ne avrebbe messo in discussione

---

[17] Eberhard Kienle, *A Grand Delusion. Democracy and Economic Reform in Egypt*, I.B. Tauris, London-New York 2001.

il ruolo di 'opposizione tollerata' all'interno del regime, al momento opportuno il Tagammu fece mancare il proprio supporto e il lavoro politico-organizzativo necessario a coordinare le lotte disperse e a esprimerne le istanze.[18] Ancora oggi tra gli attivisti c'è chi ricorda quel periodo come la grande 'occasione perduta' per costruire un movimento contadino ampio e organizzato.

La sconfitta del 1997 e l'ondata di espropri violenti che accompagnarono l'entrata in vigore della legge n. 96 causarono una battuta d'arresto e un riassestamento in senso difensivo delle comunità contadine e dei loro alleati. Il fiume che si andava formando si infranse nuovamente in una miriade di rivoli. Alle battaglie collettive e ai rischi connessi, in molti preferirono meccanismi individuali di adattamento alle nuove durissime condizioni di vita.[19] A colmare il vuoto lasciato dai partiti intervennero – spesso a seguito dell'incontro e delle connessioni prodotte dall'opposizione alla legge n. 96 – diverse Organizzazioni non governative (Ong), sorte tra il 1996 e il 2005, specificatamente concentrate sui diritti dei contadini. Negli anni successivi al 1997 molte delle energie di

---

[18] Francesco De Lellis, *From Kamshish to Tahrir: The Left and the Peasant Question in Egypt in a Historical Perspective, 1952-2014*, «Studi Magrebini», XVI (2018), pp. 31-57.

[19] Reem Saad, *Before the Spring: Shifting Patterns of Protest in Rural Egypt*, Amal Ghazal-Jens Hanssen (a cura di), *The Oxford Handbook of Contemporary Middle-Eastern and North African History*, Oxford University Press, Oxford 2016.

queste Ong sono state concentrate sul lavoro di difesa legale (dei tanti contadini accusati di crimini violenti nel corso degli espropri) e di monitoraggio delle violazioni, più che di mobilitazione e organizzazione.

Nel corso degli anni Duemila, nuove dispute sulla terra hanno reso manifesta la volontà delle élite economiche di chiudere una volta per tutte la partita contro le rivendicazioni dei contadini. Un caso eclatante è stato quello del villaggio di Sarando, nel Delta del Nilo, teatro di uno scontro tra gli abitanti e una famiglia dell'ex aristocrazia terriera locale, i Nawwar. Nel marzo 2004 al tentativo di sgombero dalle terre (25 *feddan*, poco più di 10 ettari) di cui i Nawwar rivendicavano la proprietà, la comunità contadina rispose con un'ostinata resistenza. «Sembrava una guerra» ha testimoniato un attivista che per mesi ha seguito la situazione di Sarando. La risposta delle autorità locali fu brutale. Oltre ai rastrellamenti e alle decine di arresti, una donna del villaggio morì in seguito alle percosse della polizia, e molti contadini furono costretti sotto tortura e minacce a firmare documenti nei quali riconoscevano la proprietà dei Nawwar.[20] Un lungo ed estenuante processo in tribunale alla fine riconoscerà solo in parte le ragioni dei contadini. La loro determinazione andava stroncata, anche per dare una

[20] Mustafa El-Menshawy, *Echoes of the Land*, «Al-Ahram Weekly», 24-30 marzo 2005, http://weekly.ahram.org.eg/Archive/2005/735/eg11.htm, ultimo accesso febbraio 2019.

lezione a chiunque osasse contrastare gli espropri e l'accumulazione delle terre, prendendo ad esempio la resistenza di Sarando. «Se i contadini la passeranno liscia questa volta, cose del genere accadranno dovunque. I contadini si ribelleranno e attaccheranno i proprietari terrieri» furono le parole di Salah Nawwar, l'erede della famiglia determinato a recuperare le terre.[21] Sarando non fu un caso unico in quegli anni, ma resta sicuramente emblematico dello scontro in atto sulla questione della terra in Egitto, ad anni di distanza dalla Legge sugli affitti. La lotta del villaggio raggiunse eccezionalmente anche le cronache dei giornali egiziani e internazionali, e numerose organizzazioni per i diritti umani della capitale si prestarono per anni a offrire sostegno legale alle famiglie dei contadini espropriati e incriminati.[22]

Ma gli anni Duemila hanno visto anche l'emergere di una nuova ondata di protesta rurale, originale nelle forme, diversa per composizione sociale e per le rivendicazioni, più organizzata e più efficace, in parallelo al generalizzato risveglio di una *cultura della protesta*[23] in tutto il Paese. Accesso all'acqua potabile e ai servizi,

---

[21] Jack Shenker, *The Egyptians: A Radical Story*, Allen Lane-Penguin Books, London 2016.

[22] Hasanain Kishk-Bashir Saqr, *How people face evictions in Mirshaq and Sarandu villages*, in Yves Cabannes-Silvia Guimarães Yafai-Cassidy Johnson (a cura di), *How People Face Evictions*, Development Planning Unit UCL/University College London, London 2010, p. 22-40.

[23] Abdelrahman, *Egypt's Long Revolution...*

infrastrutture stradali efficienti e sicure, opposizione all'installazione di ripetitori, sono state le principali questioni al centro di proteste non più solo contadine e agricole. L'antropologa Reem Saad sottolinea lo slittamento qualitativo di queste proteste, ed evidenzia l'impatto di fattori quali la vicinanza ai grandi complessi industriali (anch'essi attraversati da un risveglio della militanza operaia) e le intense trasformazioni di un mondo rurale sempre più urbanizzato, spazialmente e socialmente.[24]

È stata la sedimentazione di tutte queste esperienze (le sollevazioni e la disfatta del 1997, i conflitti sulla terra, la nascita delle reti di solidarietà e di difesa dei contadini, le nuove lotte su infrastrutture e servizi) a costituire il bagaglio politico con cui l'Egitto rurale e contadino si apprestava a varcare le soglie di un 2011 rivoluzionario, e a giocarvi la sua parte.

La rivoluzione nelle campagne: dalle occupazioni di terre ai sindacati indipendenti

In Egitto (a differenza che in Tunisia) la scintilla che fa esplodere la sollevazione del 2011 non parte dalle campagne e dalle aree marginali del Paese. Tuttavia, la rivolta che si materializza nelle strade e nelle piazze delle grandi città ha ripercussioni – materiali e simboliche, spesso immediate – anche nelle zone rurali più remote. I con-

[24] Saad, *Before the Spring...*

flitti sedimentati da lunghi anni e la nuova coscienza dei diritti di cittadinanza maturata nei vari cicli di proteste, insieme alle opportunità di espressione e di connessioni aperte dall'insurrezione e dalla caduta di Mubarak, sono alla base di un nuovo protagonismo dell'Egitto rurale e dei contadini. Queste azioni dal basso hanno assunto forme diverse, da quelle più autonome e informali (occupazioni di terre, autogestione dei servizi e della sicurezza, dichiarazione di 'secessione') a quelle più istituzionalizzate (formazione di sindacati, campagne per incidere sulla nuova costituzione). Tutte però vanno reinscritte nel grande fermento politico che ha caratterizzato l'Egitto dal gennaio 2011 al luglio 2013, e sono da inquadrare all'interno del lungo e incompiuto processo rivoluzionario egiziano.

Azione diretta: occupazioni, autogestione, 'secessione'

Uno degli effetti più immediati della rivolta del gennaio-febbraio 2011 è stato la quasi totale ritirata delle forze di sicurezza dalle strade dell'Egitto. Approfittando di tale assenza, numerose comunità contadine hanno dato vita ad azioni collettive di riappropriazione, alcune delle quali compiute ancor prima della caduta di Mubarak. «I contadini egiziani iniziano la seconda fase della rivolta» affermava un articolo sul blog del Comitato di solidarietà con i contadini (Psc nella sigla inglese, un gruppo informale nato come campagna politica nel 2005) in un post del marzo 2011, dando atto di alcune delle iniziative in corso.[25] Nel giro di alcune settimane il Psc ha documentato circa una decina di azioni dirette all'occupazione di terre da parte di intere comunità espropriate negli anni precedenti per effetto della Legge sugli affitti o altre vertenze di rilevanza locale, per un totale di diverse centinaia di *feddan*, che hanno coinvolto centinaia e a volta migliaia di persone in un singolo villaggio. In alcuni di questi casi gli occupanti hanno dato vita a esperimenti di autogestione collettiva nei processi produttivi e nella vendita dei prodotti.[26]

In alcune occasioni, come nel villaggio di Tusun, a est di Alessandria, i contadini si sono riappropriati di terre dalle quali erano stati sgomberati negli anni Novanta. Prima di allora, nonostante diverse sentenze avessero stabilito il loro diritto a tornare in possesso delle terre, nessuna di queste era stata applicata. Nel villaggio di Al Omareya invece, nel governatorato di Beheira, la comunità locale ha occupato in massa le terre già espropriate da un generale della famigerata Sicurezza di Stato, respingendo l'attacco di bande armate agli ordini dell'ufficiale grazie all'aiuto di migliaia di altri contadini giunti dai

[25] Bashir Saqr, *How did the Egyptian farmers start the second phase of the Egyptian Revolution*, «Tadamon», 20 marzo 2011, http://tadamon.katib.org/, ultimo accesso novembre 2018. Testo in arabo.

[26] Bashir Saqr, *I contadini egiziani in cerca di una rinascita*, «al-Hiwar al-Mutamadden», 14 aprile 2011, http://www.ahewar.org/debat/show.art.asp?aid=263421, ultimo accesso novembre 2018. Testo in arabo, la traduzione è mia.

villaggi vicini in solidarietà e distruggendo la villa che questi vi aveva costruito. «In quei giorni questi villaggi ricordavano i tempi degli antichi matrimoni contadini, che ormai non si vedono più da anni nelle campagne egiziane. Per strada incontravi contadini sorridenti, con la gioia stampata in faccia», ha scritto un attivista del Psc.[27]

Nel villaggio di Qutat Qarun, nella regione del Fayyum, in un ironico quanto emblematico ribaltamento della storia, sessanta famiglie contadine hanno occupato le terre della famiglia Wali, il cui erede Youssef Wali era stato ministro dell'Agricoltura dal 1982 al 2004, nonché membro di spicco del partito di regime e promotore della legge n. 96 sugli affitti, della quale aveva illegittimamente approfittato nel 1997 per espropriare 150 *feddan* ai beneficiari della riforma agraria.[28]

Nonostante una lunga serie di sentenze che ristabilivano il legittimo possesso delle terre, anche nel villaggio di Sersu, nella provincia di Daqahliyya, i contadini hanno dovuto approfittare del nuovo clima di agitazione politica per rioccupare le terre da cui la famiglia al-Masry li aveva sgomberati allo scopo di espandere la vicina fabbrica di ceramiche sanitarie Roca-Gravena, di sua pro-

---

27 *ibidem*.

28 Karem Yehia, *Luttes de classe dans un village égyptien. La réforme agraire au cœur des affrontements*, «Orient XXI», 30 aprile 2015, https://orientxxi.info/magazine/luttes-de-classe-dans-un-village-egyptien,0889, ultimo accesso febbraio 2019.

prietà. I contadini in questione erano discendenti dei veterani della guerra in Yemen, che avevano ricevuto le terre della riforma agraria direttamente da Gamal Abdel Nasser negli anni Sessanta per il loro servizio alla patria. La famiglia al-Masry aveva da sempre contestato l'esproprio ai suoi danni, riuscendo a riconquistare il possesso delle terre (altra ironia della storia) il 25 gennaio 1996.

La gran parte di queste occupazioni non ha ricevuto attenzione né da parte dei media, né da parte delle organizzazioni per i diritti umani e politici, impegnati per lo più a seguire gli sviluppi legati alla caduta di Mubarak e alla cosiddetta «transizione» in corso nei centri del potere politico. Ciò ha contribuito all'isolamento di tali esperienze popolari di azione diretta e autogestione e a un rapido rovesciamento delle conquiste ottenute. L'intervento delle forze di sicurezza e della polizia militare a sostegno dei potentati locali ha infatti, nella gran parte dei casi, contribuito a restaurare lo *status quo* già tra febbraio e marzo 2011. In definitiva, le occupazioni di terre hanno riguardato «solo alcune decine di villaggi [...] che già da prima della rivoluzione erano centri di attivismo contadino», ha scritto un attivista del Psc.[29] Nonostante la portata limitata in termini quantitativi e la durata relativamente breve, resta la rilevanza di queste azioni collettive di riappropriazione delle terre, per la radicalità

[29] Saqr, *I contadini egiziani in cerca di una rinascita.*

espressa nelle forme e nelle rivendicazioni, e per le potenzialità di generalizzazione.

Un'altra manifestazione del protagonismo delle popolazioni rurali durante la rivoluzione è stato l'emergere – similmente a quanto accadeva nelle grandi città – di forme di autogestione comunitaria del territorio. Largamente inesplorato, il fenomeno dei 'comitati popolari' ha avuto una sua diffusione e una sua peculiare declinazione anche nei villaggi e nelle cittadine delle aree rurali. A proposito dei giovani che hanno animato una di queste esperienze in un villaggio dell'Alto Egitto, Lila Abu-Lughod scrive: «Anche se usano Facebook, non si tratta dei giovani cosmopoliti che scrivono in inglese e chiedono democrazia, come i blogger diventati immediatamente famosi dopo Tahrir».[30] I neonati comitati popolari infatti si sono occupati soprattutto di affrontare collettivamente problemi molto concreti della propria comunità, come la distribuzione del pane, la carenza di gas per uso domestico, la gestione dei rifiuti, la regolamentazione dei prezzi di alcuni beni alimentari.

A Tahsin, una frazione del villaggio di Beni Abeid nel governatorato di Daqahliyya, dopo la caduta di Mubarak le lunghe lotte degli abitanti per un accesso a migliori servizi sono evolute in forme di disobbedienza civile e

---

[30] Lila Abu-Lughod, *Living the "revolution" in an Egyptian village: Moral action in a national space*, «American Ethnologist», 39, 1 (february 2012), p. 24. Testo in inglese, la traduzione è mia.

autogestione comunitaria dei servizi, fino a culminare nel settembre 2012 con la 'secessione amministrativa' dichiarata simbolicamente dal piccolo centro in risposta all'abbandono dello Stato e alle promesse disattese. «Tahsin. Da villaggio marginalizzato a villaggio resistente» è la definizione data da uno studio dell'Egyptian Center for Economic and Social Rights che ne ha ricostruito la storia e supportato la lotta.[31]

Esempi del genere, pur se difficili da valutare in termini di estensione e diffusione a livello più generale, testimoniano della vitalità 'rivoluzionaria' delle campagne egiziane. La capacità di creare forme autonome di potere popolare e di rovesciare i tanti 'piccoli Mubarak' presenti in ogni angolo anche remoto del Paese è alla base di un ribaltamento dei rapporti di forza nella fase cosiddetta di transizione. Tuttavia, gli eventi successivi hanno dimostrato che, mentre le forze del vecchio regime si riorganizzavano rapidamente adattandosi a un nuovo assetto, la miriade di esperienze locali – che pure erano riuscite a ottenere significative conquiste – faticava a saldarsi e a esprimere un blocco coerente. Si apriva così la strada alla restaurazione. È per far fronte a questa sfida

[31] Ecesr (Egyptian Center for Economic and Social Rights), *Rapporto annuale sulle proteste 2013*, Cairo 2014, https://ecesr.org/en/publications/%D8%AA%D9%82%D8%B1%D9%8A%D8%B1-%D8%A7%D9%84%D8%A7%D8%AD%D8%AA%D8%AC%D8%A7%D8%AC%D8%A7%D8%AA-%D9%84%D8%B9%D8%A7%D9%85-2013/, ultimo accesso aprile 2018. (Testo in arabo, la traduzione è mia).

che da una parte dell'attivismo civico viene posta l'esigenza di organizzare in forme più solide e strutturate i gruppi che si erano mobilitati dal basso coordinandoli in una cornice nazionale. Da qui prendono le mosse i nuovi sindacati contadini indipendenti.

La via istituzionale: i sindacati indipendenti in cerca di riconoscimento

> Lo Stato egiziano, qualunque regime non democratico, non permetterà mai che esistano organizzazioni dei contadini. Se ci fosse uno sviluppo in tal senso nelle campagne egiziane, non esisterebbe nessuna forza capace di sconfiggerle.[32]

In una visione quasi romantica del *fellàh* egiziano, è affermazione comune tra gli attivisti che la potenza organizzata dei contadini rappresenti il terrore di tutti i governanti. Tra storia e retorica nazionalista, è un fatto che la popolazione contadina abbia giocato un ruolo centrale nelle insurrezioni vissute dal Paese tra la fine dell'Ottocento e la metà del Novecento, ricorrendo anche ai sabotaggi e alla lotta armata.[33] Non è un caso che anche

---

[32] Attivista Ong, comunicazione personale, novembre 2015.

[33] Nathan. J. Brown, *Peasant Politics in Modern Egypt: the Struggle Against the State*, Yale University Press, New Haven 1990; Saker El-Nour, *Small farmers and the revolution in Egypt: the forgotten actors*, «Contemporary Arab Affairs», 8, 2 (2015), pp. 198-211.

nell'Egitto nasseriano (in teoria fondato su un'alleanza nazionale tra le 'forze lavoratrici' che includeva i contadini tra i suoi pilastri), non abbia mai concesso a tale categoria il diritto di organizzarsi, neppure all'interno del sindacato unico corporativo come per tutte le altre categorie di lavoratori.

Uno degli sviluppi sociali più importanti seguiti alla caduta di Mubarak è stato il proliferare senza precedenti di sindacati indipendenti, compresi quelli di piccoli contadini. Con una circolare del marzo 2011 il nuovo governo di transizione ha riconosciuto la libertà di associazione per i lavoratori di tutte le categorie. Sebbene la dichiarazione non si sia mai tradotta in una nuova legislazione sulle libertà sindacali – lasciando così centinaia di nuovi sindacati senza un preciso status legale – essa ha dato slancio a numerose iniziative di lavoratori e della società civile. Tra il 2011 e il 2012 sono stati fondati circa duecento sindacati contadini indipendenti a livello locale, alcuni dei quali radunati all'interno di due principali federazioni nazionali e diverse federazioni a livello di governatorato, per un totale di circa centocinquantamila iscritti.[34] Ci sono stati anche tentativi da parte di alcune forze politiche (laiche e islamiste) e di ambienti legati al vecchio regime di costruire organizzazioni sindacali su basi diverse (clientelari, di affiliazione politica). Tali

[34] Comunicazioni personali, 2015; El-Nour, *Small Farmers and the Revolution in Egypt…*

esperienze non possono però altrettanto facilmente essere definite 'indipendenti'.

Se per altre categorie di lavoratori la nascita dei sindacati (o l'aspirazione a crearne) aveva preceduto in alcuni casi lo scoppio della rivoluzione e si era sviluppata per lo più a partire da un'iniziativa autonoma dei lavoratori, nel caso dei sindacati contadini, gran parte dell'opera di sensibilizzazione e supporto è stata svolta dalle stesse Ong che avevano lavorato in difesa dei loro diritti nel decennio precedente. Si trattava di creare da zero organismi con i quali i contadini avevano scarsa familiarità, e pertanto dal punto di vista degli attivisti il primo passo era proprio quello di diffondere la consapevolezza sulla possibilità di disporre di questi nuovi strumenti. Nelle parole di un attivista:

> L'idea non c'era. Era necessario che gli attivisti la presentassero ai contadini, gliela facessero comprendere, facessero loro capire che c'era una possibilità di fondare sindacati. [...] Io ho visitato più di cinquanta villaggi, forse un centinaio, e ho proposto l'idea. Una ventina di questi hanno accettato, e io li ho aiutati.[35]

Sono decine gli attivisti che nel 2011 viaggiano in lungo e in largo nelle campagne egiziane organizzando

[35] Comunicazione personale, 2015.

assemblee (a volte con centinaia o migliaia di contadini). Nel concreto, il ruolo delle organizzazioni per i diritti umani in questo periodo attraversa dunque una metamorfosi, da quello di difensori o fornitori di servizi gratuiti, a quello di organizzatori sindacali.

Se la costituzione delle federazioni nazionali è stato un processo più burocratico-formale che sostanziale (caldeggiato dalle Ong ma senza una reale spinta dalla base) giocando un ruolo politico piuttosto marginale, a livello locale i sindacati dei piccoli contadini hanno agito in autonomia, spesso dimostrando la propria vitalità ed efficacia. Al centro delle rivendicazioni dei sindacati sono state soprattutto tre questioni: l'accesso alla terra, l'acquisto di semi e fertilizzanti, e la commercializzazione dei prodotti. Nel caso delle comunità sgomberate, sotto minaccia di esproprio, o protagoniste di occupazioni, il sindacato è stato spesso utilizzato per dare una forma più istituzionalizzata a un'organizzazione di fatto già esistente. È il caso, ad esempio, dei contadini di Qutat Qarun, dove in seguito all'occupazione la comunità di ex affittuari della riforma agraria si è costituita in sindacato, sperimentando anche alcune forme di produzione collettiva.[36] Altrove i sindacati hanno assunto più esplicitamente un ruolo paragonabile a quello delle cooperative agricole di nasseriana memoria, tutt'ora esistenti ma

[36] Yehia, *Luttes de classe dans un village égyptien…*

notoriamente corrotte e disfunzionali, e precluse ai contadini con piccoli appezzamenti o agli affittuari. Alcuni sindacati sono riusciti a intavolare negoziazioni con autorità pubbliche o private per l'acquisto a prezzi ribassati di alcune materie prime agricole, oppure (come nel caso dei produttori di canna da zucchero di Qena) per ottenere un prezzo più conveniente sulla vendita del prodotto. In un caso, nel governatorato di al-Minya, il sindacato non si è limitato a rivendicazioni strettamente agricole, riuscendo a negoziare l'acquisto collettivo a un prezzo ridotto di bombole di gas domestico (una spesa importante per le famiglie, e in costante aumento). Laddove queste rivendicazioni hanno avuto successo, la base dei sindacati si è enormemente ampliata, raggiungendo anche ventimila iscritti in una singola località.

Rispetto alla questione della sindacalizzazione e più in generale dell'organizzazione dei movimenti e dei gruppi subalterni nella fase rivoluzionaria sono diverse le tendenze emerse all'interno del variegato mondo dell'attivismo civico e della sinistra egiziana. Una delle critiche mosse più di frequente al nuovo movimento sindacale riguarda il rischio di burocratizzazione. Costruire e strutturare formalmente organizzazioni tutto sommato piccole rispetto alla categoria di riferimento (così sostengono i critici), sottrae energia al lavoro ancora lungo di mobilitazione e di creazione di una base di massa tra i lavoratori. Raccogliere iscrizioni e quote, redigere statuti, eleggere gli organi è un passo successivo. L'organizzazione sarà un'evoluzione 'naturale' del movimento, quando questo avrà solide basi.[37] Inoltre, non bisogna dimenticare che la mancanza di un riconoscimento legale e la repressione di alcune delle organizzazioni sindacali più attive ha scoraggiato la partecipazione e ne ha indebolito il potenziale attrattivo presso i contadini poveri.

In sostanza, i sindacati contadini si sono dimostrati utili ed efficaci soprattutto lì dove esistevano comunità già attive e mobilitate su determinate vertenze, e sono questi gli unici che in una certa misura sono riusciti a sopravvivere anche all'ondata repressiva che è seguita al colpo di Stato. Per la gran parte, delle federazioni costituite restano oggi soltanto degli «appartamenti con una targa appesa», come ha dichiarato un attivista. L'attacco a quelle stesse Ong che ne hanno supportato l'ascesa (oggi ridotte quasi completamente all'inattività) ha finito per indebolire ulteriormente la già fragile costruzione di reti e di strutture di coordinamento più ampie e organizzate.

I semi della rivolta. La controrivoluzione tra resistenze, frammentazione e smobilitazione

Con il colpo di Stato del luglio 2013 e la restaurazione di un regime dominato dai militari e dagli apparati di sicurezza, qualsiasi forma di protesta politica e sociale è stata criminalizzata.[38] In termini di politiche economiche

---

37 Abdelrahman, *Egypt's Long Revolution...*, cit., pp. 87-88.

38 Amr Hamzawy, *Egypt's Anti Protest Law: Legalising Authoritaria-*

(e agricole in particolare) il 'nuovo' regime si è distinto per una netta accelerazione delle politiche che favoriscono gli investitori e i grandi proprietari a danno dei piccoli contadini, sempre più esclusi. Solo tra la fine del 2014 e l'inizio del 2015 il governo ha varato una serie di misure tali da spingere un attivista a definire questi mesi «un periodo nero, il peggiore da cento anni a questa parte» in termini di politiche agricole: una legge che privatizza di fatto il settore cooperativo; l'aumento degli affitti su alcune terre di proprietà pubblica; l'aumento dei prezzi dei fertilizzanti e dei carburanti; l'eliminazione del controllo sulla commercializzazione del cotone.[39] Sebbene la protesta non sia del tutto scomparsa, il contesto politico suggerisce un più cauto ricorso a forme di resistenza a bassa intensità, se non proprio a strategie di adattamento individuale. Le campagne contro il terrorismo e per la stabilità dello Stato hanno fatto sì che per gli attivisti sia ormai quasi del tutto impossibile fare politica nei villaggi. Le questioni agrarie e contadine, che si erano imposte a fatica nell'agenda politica postrivoluzionaria, sono per lo più tornate nell'ombra, senza una rappresentanza e una voce forte. Ma le radici del malcontento restano, e anzi l'agricoltura rimane un terreno di scontro

nism, «Al Jazeera», 24 novembre 2016, https://carnegieendowment.org/2016/11/24/egypt-s-anti-protest-law-legalising-authoritarianism-pub-66274, ultimo accesso aprile 2018.

[39] Comunicazione personale, giugno 2015.

e fonte di instabilità sociale che riguarda non solo i contadini e le aree rurali, ma l'intera società egiziana.[40] Da parte loro, i contadini poveri e gli abitanti rurali hanno alle spalle esperienze di mobilitazione, organizzazione e autogestione, che spesso hanno anticipato e aperto la strada al 2011, e che difficilmente potranno essere rimosse dal sistema autoritario al potere.

---

[40] Rami Zurayk, *The Arab Uprising through an Agrarian Lens*, in Ali Kadri (a cura di), *Development Challenges and Solutions after the Arab Spring*, Palgrave MacMillan, London 2016, pp. 139-52.

Maria Elena Paniconi

DISTOPIE NELLA SCENA LETTERARIA EGIZIANA CONTEMPORANEA. UNA LETTURA DI *AL-TABUR* (LA FILA) DI BASMA ABDEL AZIZ

Introduzione

Pur nel particolarismo interpretativo che caratterizza gli studi sui movimenti rivoluzionari e sulle controrivoluzioni arabe occorse nell'ultimo decennio, gli analisti sono concordi nel sottolineare la centralità di alcuni elementi della geografia. È interessante notare come gli spazi urbani al centro dei movimenti rivoluzionari abbiano, da un lato, innescato la curiosità di analisti, politologi e studiosi d'area, dall'altro, abbiano invece subito una trasfigurazione, quando non sono stati del tutto cancellati, nella narrativa in prosa apparsa qualche anno prima, a ridosso delle rivoluzioni o dopo di esse. Nell'ambito di questo contributo mi occuperò della tipologia del romanzo distopico, che basa la propria costruzione di senso anche sulla trasformazione, rimozione o distorsione di un *tropo* narrativo che è stato fondativo del romanzo arabo contemporaneo, ovvero la città e gli spazi urbani. Con il termine 'tropo' (dal greco *trópos*, letteralmente 'verso', 'direzione') s'intende in retorica l'uso di un'espressione in un contesto estraneo a quello in cui solitamente l'espressione si colloca, e rimanda quindi alla ricerca di un senso traslato. Parimenti, in narratologia, il *tropo* è un tema, o un insieme di temi, o una strategia compositiva per indicare un significato 'altro' rispetto all'originario. Il *tropo* letterario della città ha convogliato negli anni molti significati: ha accompagnato la crescita individuale e politica di molti soggetti, ha segnato la perdizione o l'alienazione di altri. Se pensiamo ai romanzi degli anni Quaranta del Nobel egiziano Nagib Mahfuz (1911-2006), l'ambientazione urbana ha veicolato in narrativa le rappresentazioni della dialettica tra tradizione e modernità. Potremmo dire, a conferma di ciò, che i romanzieri egiziani hanno rivestito il ruolo di cartografi dell'immaginario nazionale, poiché essi hanno saputo non solo riprodurre, ma creare e trasporre in *plot* la conformazione delle società urbane e rurali, delle classi dirigenti e subalterne, dei soggetti marginali e delle nuove derive che una restaurazione neoliberale aveva prodotto in una società in pieno boom demografico come quella egiziana.

Il già citato Mahfuz, ad esempio, o il popolare romanziere Ihsan Abdel Quddous (1919-1990) hanno non solo rappresentato, ma reinventato e risignificato nei loro romanzi gli spazi cittadini, spazi polarizzati dalla geografia coloniale, dalla modernizzazione, dall'arrivo della globalizzazione e dell'apertura economica, spazi che nei romanzi offrivano un *setting* ideale per storie di carattere 'nazionale'. Se nel caso dei due autori menzionati il romanzo egiziano resta legato ai canoni del realismo sociale, il romanzo dell'avanguardia storica emersa negli anni Sessanta e Settanta, accoglie invece le grandi antifrasi della narrazione nazionale, andando a risemantizzare il rapporto simbolico tra individuo e nazione. Negli affreschi satirici che Sonallah Ibrahim, nato nel 1935, firma negli anni Novanta, troviamo ad esempio protagonisti isolati, che falliscono nei loro tentativi di integrarsi nelle proprie società dal punto di vista ideologico, personale o professionale. Le epopee post-moderne di *Dhat* (1992)[1] e di *Sharaf* (1996)[2] denunciano attingendo alla

---

[1] *Dhat* parla di una ex ragazza degli anni Sessanta che si trova a fare i conti con una società iniqua, patriarcale, furiosamente dedita al consumo. Il romanzo è stato tradotto in italiano: Sonallah Ibrahim, *Le Stagioni di Zhat*, trad. it. di Elisabetta Bartuli, Calabuig, Milano 2015. Per una lettura di *Dhat*, vedasi: Paul Starkey, *Sonallah Ibrahim. Rebel with a Pen*, Edinburgh University Press, Edinburgh 2018, pp. 104-122. In italiano, vedasi: Maria Elena Paniconi, *Spazio pubblico e spazio privato in "Dhat" di Sun'allah Ibrahim, epopea postmoderna di una donna comune,* in Daniela Melfa-Alessia Melcangi-Federico Cresti (a cura di), *Spazio privato, spazio pubblico e società civile in Medio Oriente e Africa del Nord*, A. Giuffrè, Milano 2006, pp. 365-78.

[2] *Sharaf*, di Sonallah Ibrahim, narra delle disavventure dell'eponimo protagonista, arrestato per aver ucciso incidentalmente un turista britannico, nel tentativo di difendersi da un'aggressione sessuale da parte di costui. Il titolo del romanzo gioca sull'ambivalenza della parola araba *sharaf* che, oltre a essere diminutivo di Ashraf, nome proprio di persona, significa anche 'onore'. L'ironia sottesa alla narrazione è tutta racchiusa in questo concetto, che il ragazzo cerca di difendere, colpendo l'aggressore, ma che finirà per perdere durante la sua permanenza in prigione.

più amara ironia il degrado dell'istruzione, il disastro della sanità pubblica, la sperequazione galoppante e il corporativismo di vari settori statali. In queste narrazioni, il Cairo e i suoi tratti specifici sono sempre presenti e proprio in una piazza del centro come Midan Talaat Harb il giovane antieroe del suddetto romanzo entra in scena mentre, impegnato a guardare le vetrine dei negozi, volta simbolicamente le spalle alla statua dello storico fondatore della banca d'Egitto.

Nella continua manipolazione del *tropo* della città, quindi, la prosa egiziana articola di fatto una riflessione che esce dai confini dell'ambito semantico della 'città' in sé e per sé e si estende alla vita civile (*madaniyya*, aggettivo corradicale di *madìna*, 'città'), alla società aggregata, allo status di cittadino inteso non solo come abitante della città ma come *civis* dotato di diritti e doveri. La connessione tra spazi urbani simbolici e movimenti di liberazione civile rivive nella parola d'ordine *Madani*!, slogan di quanti rivendicavano nel 2011 l'identità civile e pacifica delle proteste, o nel dibattito sulla *dawla madaniyya* (lo Stato civile) che ha caratterizzato il forum politico aperto dopo la rivoluzione del 2011.[3]

Per una lettura di *Sharaf*, vedasi: Paul Starkey, *Sonallah Ibrahim. Rebel with a Pen*, cit., pp. 123-35. Il romanzo viene letto come antifrasi del genere della letteratura del carcere in: Elisabetta Benigni, *Il carcere come spazio letterario. Ricognizione sul genere dell'*Adab al-suğūn *nell'Egitto tra Nasser e Sadat*, Nuova Cultura, Roma 2009.

[3] Barbara De Poli, *Arab Revolts and the 'Civil State' A new term for old*

La letteratura distopica dell'ultimo decennio in Egitto ha di fatto tradotto in *plot* il timore, o il sentore, della perdita di questi spazi simbolici, epicentro dei movimenti rivoluzionari, spazi 'eterotopici', come la scrittrice May Telmissany ha definito, su basi foucaultiane, piazza Tahrir nei giorni in cui era presidiata dai rivoluzionari, ovvero spazi che, pur collocandosi all'interno del sistema, hanno sviluppato un proprio modo di funzionamento, autonomo e altro rispetto ad esso:

> Il fatto che la rivoluzione sia divenuta 'piazza' ha prodotto uno spazio eterotopico per la liberazione, poiché l'eterotopia è in grado di giustapporre in un unico luogo molti spazi: è casa per i manifestanti, spazio ideale per la ribellione, per lo scambio e il dibattito, per il movimento e il presidio, per l'emozione e la catarsi, spazio per il riposo e la rivolta.[4]

Le disturbanti e visionarie distopie che hanno caratterizzato la proposta editoriale dell'ultimo decennio hanno quindi individuato nella soppressione, distorsione o trasfigurazione dell'immaginario cittadino – così come questo si era andato codificando nel linguaggio narrativo realistico e mimetico – la possibilità di restituire al let-

---

conflicts between Islamism and secularism, «Approaching Religion», 4, 2 (dicembre 2014), pp. 95-104.

[4] May Telmissany, *Utopian and Dystopian Functions of Tahrir Square*, «Postcolonial Studies», 17, 1 (2014), pp. 36-46. La traduzione è mia.

tore uno spazio sdoppiato, che era icona della rivoluzione e che si è trasformato nel simbolo della controrivoluzione. Oltre alla città, un altro elemento considerato basilare per il patto di verosimiglianza tra romanziere e lettore è solitamente la 'voce' dei protagonisti, che si esprime attraverso dialoghi, missive, o talvolta per il tramite del narratore – se si tratta di romanzi in cui questo è rivestito di forte autorità – ma che, in ogni caso, riflette il discorso di specifiche classi sociali, o di gruppi o porzioni della società. Tale 'voce' è l'essenza stessa del personaggio, chiave d'accesso alla sua interiorità e viatico, per il lettore, per una lettura empatica.

Nel romanzo distopico la quinta finzionale della 'città' sparisce e, con essa, anche l'elemento della 'voce' del personaggio: la narrazione è solitamente caratterizzata da monolinguismo, nel senso che non si trova una pluralità di registri o discorsi, ma al contrario troviamo *un solo* registro dominante.

Si determina così, nei romanzi distopici, l'annullamento di ogni effetto di realismo. Questa affermazione non deve però condurre a facili conclusioni: la distopia, pur rinunciando ai codici del realismo, non rinuncia affatto a fotografare la realtà. Anzi, come vedremo nel caso-studio in oggetto, quel che si legge in questi romanzi è fantastica 'profezia', lettura di un futuro immaginato che tuttavia si delinea sulla base di dati concreti, raccolti nell'osservazione del presente e nelle impressioni a caldo che gli autori hanno registrato nelle loro esperienze quotidiane.

Il genere globale della distopia nell'Egitto di oggi

Il genere distopico comprende al proprio interno molte varietà, dal romanzo post-apocalittico alle ucronie (letteralmente *non-tempo*) basate sulla proiezione degli eventi in un mondo completamente altro rispetto a quello reale, partendo dal presupposto che la storia mondiale abbia seguito un corso alternativo rispetto a quello reale. Tra il 2008 e il 2015 in Egitto compaiono varie distopie: dai post-apocalittici *Utopia* di Ahmed Khaled Tawfiq,[5] *Mercurio* di Mohammad Rabie, a *Hudu' al-qatalà* di Tareq Imam,[6] *La fila* di Basma Abdel Aziz che appartiene piuttosto al filone dell'ucronia. *A latere*, compaiono anche forme intermedie, talvolta parodiche, che condividono alcuni elementi con la distopia, ma che ci paiono più estensioni del romanzo anti-realistico che distopie *tout court*, come ad esempio *Le donne di Karantina* di Nael Eltoukhy, o il fanta-folklorico *La tomba di mio padre* del già citato Tareq Imam.

Nel suo saggio *The Origins of Dystopia* (Le origini della distopia) Gregory Clayes[7] analizza alcuni autori consi-

---

[5] Di questo romanzo è disponibile la traduzione italiana: Ahmed Khaled Tawfiq, *Utopia*, trad. it. di Barbara Benini, Atmospherelibri, Milano 2019.

[6] Di questo romanzo è disponibile la traduzione italiana: Tareq Imam, *Le mani dell'assassino*, trad. it. di Barbara Benini, Atmospherelibri, Milano 2016.

[7] Gregory Clayes, *The Origins of Dystopia: Wells, Huxley and Orwell*,

derati fondativi del genere distopico come Wells, Huxley e Orwell. Clayes descrive la distopia come una proiezione di alcuni malfunzionamenti dei sistemi economico-politici contemporanei in uno spazio-tempo 'altro'. Tra gli esempi del genere globale della distopia vi sono, infatti, numerosi racconti nati alla presenza di regimi totalitari: da *La città e i cani* di Mario Vergas Llosa (1963) a *Il signore delle mosche* di William Golding (1954).

Come anticipato, la città dai tratti realisticamente intesi scompare in questi romanzi e il contesto d'ambientazione è derealizzante e sfocato. Spesso prevale lo scenario che il critico Prakasha definisce *dark city*, con cui egli indica l'emersione in superficie di un *underworld* urbano prima nascosto, ora visibile e dominante,[8] come in *Mercurio* di Rabie e ne *Le mani dell'assassino* di Tareq Imam. Altro tratto condiviso è quello di una società alterata, che può presentarsi ipertecnologizzata o ipotecnologizzata, ma in ogni caso che tenderà a degradare allo stato primitivo, abbandonandosi all'istinto di sopravvivenza e alla sopraffazione del più debole.

Se la città e il corpo sociale perdono fisionomia e funzioni, lo stesso accade al corpo umano, che a sua volta viene manipolato, disarticolato, replicato. Cloni, repli-

in *id.* (a cura di), *The Cambridge Companion to Utopian Literature*, Cambridge University Press, Cambridge 2010, pp. 107-31.

[8] Gyan Praksha (a cura di), *Noir Urbanisms. Dystopic Images of the Modern City*, Princeton University Press, Princeton 2010, p. 8.

canti e androidi sono le differenti *species* di un più generale slittamento dal concetto universalmente riconosciuto di 'persona' a quello di 'non-persona'. La distopia accorcia le distanze tra uomo e macchina. In continuità con un certo linguaggio filosofico della tarda modernità, la distopia restituisce al lettore un immaginario di post-umano che tuttavia non si risolve – come nella teoria di Braidotti – nella proiezione dell'umano oltre all'umano, nella disseminazione di tecnologie che duplicano e imitano gli apparati e le strutture dell'umano, permettendo così un andare 'oltre' l'umanesimo classico e, quindi, 'oltre' l'eurocentrismo e androcentrismo che lo caratterizzano, per esplorare nuove possibilità dell'umano.[9]

Al contrario, l'immaginario distopico raffigura una diminuzione delle possibilità dell'individuo. Al centro di queste narrazioni egiziane e arabe contemporanee stanno proprio, come vedremo nell'analisi de *La fila* di Abdel Aziz, le politiche sui corpi umani, politiche disciplinanti, spersonalizzanti, meccanizzanti, quando non troviamo invece un *focus* sull'emersione del mostruoso, come nel romanzo di Tareq Imam.[10] Il tema del corpo umano che

---

[9] Rosi Braidotti, *Il postumano. La vita oltre il sé, oltre la specie, oltre la morte*, trad. it. di Angela Balzano, DeriveApprodi, Roma 2014.

[10] Si veda a questo proposito: Maria Elena Paniconi, "*Ḍarīḥ Abī*" *by Ṭāriq Imām: Dystopia and Fantasy-Folklore*, in Stephan Guth-Teresa Pepe (a cura di), *Arabic Literature in a Posthuman World*, Harrassovitz Verlag, Wiesbaden 2019.

cresce, che si sviluppa, o che si ammala, o soffre, è stato ampiamente esplorato in letteratura e va considerato, per l'appunto, un *tropo* letterario chiamato a rappresentare l'idea di integrità individuale, da un punto di vista fisico, morale e politico. Secondo Joseph Slaughter la persona, concetto culturale e discorsivo dominante a partire dalla Dichiarazione dei diritti dell'uomo, è «il veicolo, da un punto di vista legale, della dignità umana»[11] e forme di narrazione come la *Bildung* sono state funzionali, in determinati contesti, alla diffusione dei concetti cardine contenuti nella Dichiarazione dei diritti dell'uomo.

Di conseguenza i corpi disarticolati, smembrati, meccanizzati di questi romanzi convogliano una serie di altri significati, primo tra tutti la dis-integrazione di quell'amalgama di capacità, diritti civili, diritti e doveri politici e sociali che rendono un corpo 'persona', e in seconda istanza potenziale cittadino. Il parallelismo tra discorso letterario e discorso giuridico seguito da Slaughter può essere di grande aiuto per chi voglia leggere testi della modernità post-coloniale e di inizio indipendenza scritti nel mondo arabo: questi sono infatti spesso strutturati, non a caso, attorno a temi come quello della crescita, fisica e morale, ma anche politica, di un giovane in seno alla propria società. Le distopie pre e post-rivoluzionarie del XXI secolo non possono essere scardinate da questa

[11] Joseph R. Slaughter, *Human Rights, Inc. The World Novel, Narrative Form, and the International Law*, Fordham University Press, New York 2007, p.18.

archeologia di significati e dall'orizzonte discorsivo che esse vogliono sovvertire. Nel quadro di lettura occorre quindi tener conto sia delle inferenze dovute al riconoscersi, da parte degli autori, in un 'genere globale', sia delle relazioni che questi romanzi intessono con storie più vecchie, che hanno contribuito a forgiare un immaginario collettivo facendo ricorso ad altri linguaggi.

Una profezia che parla al passato

La fila di Basma Abdel Aziz,[12] scritto tra il settembre e il novembre 2012 e pubblicato nel 2013 durante il governo di Mohammed Morsi, nasce – da quanto la stessa scrittrice afferma in più interviste – da un'esperienza di realtà quotidiana e dall'esigenza di raccontarla nel modo più efficace. L'autrice spiega infatti come l'espediente narrativo che dà il via alla storia le sia stato ispirato da una scena di vita reale, urbana e quotidiana: un gran numero di persone in fila che aspettavano per ore l'apertura di uno degli uffici governativi, in balìa della calura e del trambusto del traffico.

L'autrice afferma di essere stata sollecitata dalla volontà

[12] L'autrice egiziana Basma Abdel Aziz è psichiatra e attivista, editorialista di «El-Shorouk» e vincitrice, nel 2008, del premio letterario egiziano Sawiris Cultural Award. È stata insignita anche del premio Ahmed Bahaa-Eddin Award per *Temptation of Absolute Power* (Sefsafa, Giza 2011), una non-fiction nella quale l'autrice propone una descrizione dal punto di vista sociologico dei rapporti tra cittadinanza e apparati della polizia in Egitto.

di 'fotografare' quel tempo e quello spazio dell'attesa, immaginandoli prolungati fino al parossismo, affinché la scena dell'attesa non si esaurisse nell'arco di una giornata passata in fila davanti a uno sportello chiuso, bensì esprimesse lo sconforto che ha invaso l'Egitto dopo la Primavera araba e durante il governo Morsi:

> Ho iniziato a scrivere *La fila* nel settembre 2012, e ho finito nel novembre dello stesso anno, anno in cui i Fratelli musulmani erano al potere, e il presidente Muhammad Morsi (membro della Fratellanza) si insediò. A quel tempo la mia sensazione era che il regime militare, che aveva continuato a guidare l'Egitto per più di cinquant'anni, non sarebbe scomparso tanto facilmente. Sarebbe tornato prima o poi, cacciando la Fratellanza. Un movimento rivoluzionario durato per diciotto giorni non sarebbe bastato a cambiare il sistema. Quindi ho scritto ciò che sentivo sarebbe accaduto nel futuro, ciò che sentivo in quel momento, ma lo feci come se questo fosse già accaduto. Più che una scrittura profetica, è stata una scrittura dettata da un ragionamento logico.[13]

L'autrice sceglie dunque di parlare della realtà che le è davanti agli occhi con strumenti differenti da quelli del

[13] Intervista all'autrice effettuata il 23 dicembre 2018. La traduzione degli stralci inseriti qui e di seguito è mia.

realismo. Per prima cosa saranno le coordinate temporali e la grammatica dei rapporti cronologici interni agli eventi narrati a saltare e l'effetto sarà quello di uno straniante *déja vu* che accompagnerà il narrato contribuendo a disegnare attorno ai protagonisti un'aura di ineluttabilità.

Tale gestione delle coordinate temporali ci permette di definire *La fila* come una ucronia: tutta la narrazione ruota intorno a una serie di fatti definiti «Sciagurati Eventi», che non sono tuttavia mai collocati in un tempo preciso ma fondativi di una storia, rappresentata evidentemente come alternativa rispetto a quella reale.[14] Gli Sciagurati Eventi, tanto rievocati quanto misteriosi e insindacabili, sembrano lontani persino dall'immediato interesse dei protagonisti:

> Tareq tornò alla sua poltrona di pelle [...]. Sebbene non vi avesse mai preso parte né se ne fosse mai interessato, aveva sentito parlare degli Sciagurati Eventi mentre accadevano, o forse qualche tempo dopo il loro inizio. Ne aveva visto solo le conseguenze su quelli che vi avevano partecipato, o che la subdola sorte aveva fatto cadere,

---

[14] Nonostante sia unanimemente riconosciuto che l'origine del genere dell'ucronia (rappresentazione di una versione alternativa della storia) sia nato in reazione alla messa in dubbio della logica del Progresso, così come era stata formulata nel XVIII secolo, le definizioni di Ucronia sono molteplici e divergenti. Per una discussione sul termine, vedasi: Sebastien Chonavey, *Fondaments. Utopie, Dystopie et leur avatars*, in «Diversitate si Identitate Culturala in Europa», 1 (16), pp. 34-36.

> dentro quella fornace rovente. Aveva sentito i commenti usciti dalla bocca di colleghi e conoscenti, o a volte dei vicini e dei passeggeri dei mezzi pubblici, e si era fatto un'idea vaga e incompleta, ma comunque sufficiente a gettarsi la faccenda alle spalle, non trovandovi nulla che suscitasse un suo particolare interesse.[15]

La voce narrante, onnisciente e apparentemente onnipresente, orbita per tutta la narrazione attorno a questi misteriosi fatti, senza tuttavia chiarirne la natura. Eppure gli Eventi sono al centro di quanto accade – o per meglio dire, non accade – nel romanzo. Ambientato in un'anonima città araba, deprivata di ogni elemento che la possa identificare come una città reale, il romanzo racconta di una fila di persone che si forma in attesa di essere accolta dal regime assoluto vigente, chiamato «la Porta». La Porta ha centralizzato su di sé ogni potere all'indomani degli Sciagurati Eventi, e i cittadini debbono ottenere permessi rilasciati da questo ente per poter fare qualsiasi cosa, per lavorare, per viaggiare o per potersi sottoporre a un intervento chirurgico. Tuttavia, i cancelli di questa istituzione restano invariabilmente chiusi, tanto da costringere le persone a sostare in fila per ottenere ciò di cui hanno bisogno. Le persone accettano in maniera general-

---

[15] Basma Abdel Aziz, *La fila*, trad. it. di Fernanda Fischione, Nero Press, Roma 2018, p. 12.

mente rassegnata di sostare, e intanto la loro vita, la loro quotidianità, la loro stessa umanità è gradualmente intaccata dalla *fila* che si forma e si richiude, come una trappola kafkiana, sull'individuo, che perde il suo spazio privato, la sua vita privata, i suoi affetti. Questi si trova imprigionato nell'antinomia di dipendere da un potere che lo annienta. Il medico Tareq, il ferito Yahya e la sua fidanzata Amani sono i protagonisti principali e quelli su cui incentrerò la mia lettura, tralasciando le storie e i personaggi secondari. La vicenda centrale è quella di Yahya, un uomo di trentotto anni che ha preso parte agli Sciagurati Eventi, fatti misteriosi che si riferiscono probabilmente a una protesta di massa, nel corso della quale Yahya è rimasto ferito e un proiettile gli è entrato nel bacino. Egli si rivolge alla Porta per ottenere il permesso necessario per rimuoverlo, ma alcuni documenti, tra cui delle radiografie, vengono manipolate e sottratte agli uffici: la pratica di Yahya si complica e così la sua fidanzata compie una spedizione in un'area segreta dell'ospedale per cercare di riaverli. Al termine della vicenda, tuttavia, la Porta non rilascerà alcun permesso a Yahya, si aprirà invece nel caso di Amani, ma solo per torturarla. Prima di addentrarci nell'analisi dei temi portanti, va segnalato come questo romanzo, curiosamente, condivida il significato del titolo (*al-Tabur* oltre all'accezione militare di 'battaglione' o 'falange', significa proprio 'fila' o 'linea di persone in attesa') e l'idea di base da cui parte l'espediente narrativo con *La coda* di Vladimir Georgievič Sorokin, pubblicato a Parigi nel 1985 e a lungo circolato come *samizdat* (edizione clandestina) prima di essere pubblicato in Unione Sovietica. L'autrice non ha mai letto il romanzo russo,[16] elemento questo che rende ancor più interessante, ai nostri occhi, la condivisione di titolo, espediente narrativo e tema centrale. In modo molto diverso, entrambi i testi raccontano di corpi 'costretti', disciplinati in uno spazio che li contiene ma al contempo li detiene. Nel romanzo di Sorokin, la fila di persone che si riunisce spontaneamente sulla soglia di un esercizio commerciale e va snodandosi e riconfigurandosi lungo il testo, rappresenta lo 'spirito del tempo' del regime sovietico.[17] Se è stato scritto che il romanzo di Sorokin accoglie alcuni elementi distopici, è tuttavia prevalente il tono umoristico, il dialogismo (il romanzo è interamente dialogato) ironico e la parodia di codici comportamentali: emerge la speranza di un futuro politico diverso per il Paese. Diversamente, il testo di Abdel Aziz non lascia spazio all'ironia e alla mimesi discorsiva ed è architettato in modo da non lasciare mai spiragli alla possibilità di cambiare le cose. È proprio la doppia 'chiusura' del testo, nei confronti di ogni pluralità linguistica e nei confronti dei protagonisti cui non viene lasciata alcuna autonomia,

---

16 Intervista all'autrice, 23 dicembre 2018.

17 Vladimir Sorokin, *La coda*, trad. it. di Pietro A. Zveteremich, Guanda, Parma 1988. Vedasi in particolare l'introduzione a cura dello stesso traduttore, pp. 10-13.

a rievocare la 'chiusura' ermetica di un regime totalitario nei confronti della popolazione.

Temi e strategie narrative portanti: Yahya e il 'posto in fila'

La storia narrata coincide di fatto con l'attesa, che il protagonista Yahya consuma in gran parte in fila, che la Porta si apra e rilasci il documento che gli permette di essere operato. La fine di Yahya è tuttavia suggerita sin dall'inizio, essa è presente nella sensazione di strisciante ma palpabile inesorabilità che l'autrice riesce a ricreare nel narrato. Una delle prime scene del romanzo ritrae un incontro tra Yahya, già dolorante per la pallottola nel bacino, e Amani, la sua fidanzata, mentre cercano, sfidando il dolore e la preoccupazione, di festeggiare il trentanovesimo compleanno dell'uomo:

> Amani, qualunque cosa fosse accaduta, non sarebbe mai cambiata. La conosceva bene: si affidava alle proprie sensazioni senza razionalizzare, aspettava che i suoi desideri si avverassero come per magia e non ammetteva ostacoli [...]. Le baciò la testa e le labbra, ma non riuscì ad abbracciarla, perché il dolore al fianco sinistro continuava a tormentarlo senza pietà. Si disse che sarebbero venuti giorni migliori. Sedettero assieme per qualche minuto nel salotto, poi lei andò in cucina e tornò con due bicchieri e una torta che aveva preparato per festeggiare il tren-

tanovesimo compleanno di Yahya. Lui pensò che quello era il primo compleanno che festeggiava con una pallottola in pancia. [...] [Yahya] si addormentò, mentre Amani vagò nella propria memoria fino all'edificio Nord, lo stesso che avevo visto Yahya in fila impaziente, in attesa di entrare. Spesso lo guardava da lontano: era una costruzione strana che si innalza poco al di sopra delle mura di cinta della Porta. Sembrava, da lontano, non avere né finestre né balconi. Niente altro che muri tetri e desolati. Se non fosse per i pochi che erano riusciti a entrarci e avevano raccontato delle stanze e degli uffici che c'erano dentro, ce lo si sarebbe immaginato come un corpo solido, privo di cavità interne.[18]

I pensieri di Yahya e Amani sono affidati alla voce narrante. La resa delle interazioni tra i personaggi è volutamente meccanica e affidata, salvo rare eccezioni, al discorso indiretto e non al dialogo diretto. L'autrice spiega questa scelta facendo riferimento alla propria volontà di

affidare il narrato a una voce che sappia di più di tutti i protagonisti. Volevo in questo modo rafforzare nel lettore la sensazione di essere sorvegliato, e suscitare l'impressione che si ottiene dall'essere strettamente monitorati. Questa voce

[18] Abdel Aziz, *La fila*, cit., pp. 38-39.

> esterna agisce anche sul lettore, che a mano a mano che procede nella lettura è sempre più coinvolto negli eventi delle persone in fila.[19]

Oltre alla voce esterna e pervasiva, troviamo altre scelte finalizzate al medesimo scopo dichiarato dall'autrice nell'intervista. Una delle più evidenti dal punto di vista tipografico è la giustapposizione tra brani narrativi e brani che mimano la *non-fiction* (referti medici, propaganda, enunciati della Porta).[20] Troviamo anche un riquadro nero, un 'parere della Porta' reso inaccessibile al lettore, come del resto lo è ai personaggi del romanzo.[21] Queste tecniche narrative accentuano la sensazione di trovarsi di fronte a un mondo in cui in realtà nulla è concesso alla volontà dei protagonisti.

Già nella scena sopra citata troviamo un'anticipazione dello spazio entro cui si consumano l'attesa e l'agonia di Yahya: dall'appartamento alla fila, Yahya non ha mai accesso a un ospedale, o a un'infermeria. La sua ferita è oggetto di discorsi, di scambi e, a volte, di scontri verbali tra la coppia e i vari medici o burocrati che si occupano del caso, ma nell'intero testo non viene mai curata.

In una delle rarissime scene dialogate del romanzo, che si svolge nello studio del dottor Tareq, Yahya, Amani e lo

---

19 Intervista all'autrice, 23 dicembre 2018.

20 *ibidem.*

21 Abdel Aziz, *La fila*, cit., p. 140.

stesso dottor Tareq parlano della situazione medica del paziente. Il medico si trova dinnanzi al dilemma morale se ammettere o meno, davanti al paziente e alla sua compagna, che alcune radiografie sono state sottratte all'attenzione del personale medico da una mano misteriosa. Decidendo di insabbiare ogni cosa, Tareq diventa suo malgrado un'emanazione della Porta e un ulteriore, vivente indizio della fine segnata di Yahya:

> - Salve Yahya, come va?
> - Bene dottore, la ferita va meglio, ma ho ancora dolore. Sembra che la pallottola si stia spostando.
> - Non sei ancora stato operato? Allora sicuramente hai ottenuto il permesso dalla Porta e sei qui per prendere appuntamento, giusto?
> - Veramente dottore ho portato a termine solo una parte delle procedure. Ho presentato allo Sportello la richiesta con tutti i documenti necessari e adesso sono in attesa del permesso.
> - Dottor Tareq, crede che si possa cominciare a preparare l'operazione intanto che aspettiamo di attendere l'autorizzazione? Le procedure stanno andando avanti come di routine, mancano solo alcuni piccoli dettagli.
> - Le parlerò con sincerità signora Amani: io ho fatto tutto quello che potevo, e Yahya lo sa bene, ma senza permesso ho le mani legate.[22]

Nel corso del dialogo notiamo come il linguaggio utilizzato dal dottor Tareq si muova gradualmente dall'ambito medico a quello giuridico. La sovrapposizione tra questi due registri trova numerosi altri esempi nel romanzo. Il proiettile, in questa dislocazione del discorso dall'ambito sanitario a quello giuridico e securitario, sembra assumere una sua agentività, e paradossalmente è proprio il medico a riconoscerla, verbalizzarla, e quindi ad autorizzarla:

> durante il loro primo incontro, tra le possibilità che Tareq gli aveva prospettato c'era che il proiettile si fermasse in un punto sicuro e venisse circondato dal tessuto fibroso che l'organismo produce attorno ai corpi estranei. Con il tempo, tutti gli elementi – il proiettile, il tessuto fibroso e le varie secrezioni di cui non conosceva l'esatta natura – si sarebbero saldati in una massa benigna che sarebbe potuta rimanere con lui per tutta la vita senza dargli problemi. Purtroppo, però, il proiettile aveva scelto di seguire un'altra strada, e cioè di spostarsi e perforare l'intestino, e gli avrebbe potuto causare presto una setticemia.[23]

Tutta la narrazione corre sul filo dell'attrito tra l'effetto di attendibilità – dato dall'estrema precisione del lin-

[22] ivi, p. 60.
[23] ivi, p. 57.

guaggio tecnico, qualunque sia la sua fonte (il personale medico, i burocrati, gli stessi pazienti che si forzano di mantenere la calma di fronte al muro d'impotenza) – e il paradosso suscitato dalla perdita di funzionalità di luoghi e figure professionali: Tareq è un esempio di questo processo, poiché pur essendo un medico, egli non si sente chiamato a intervenire in autonomia («senza permesso ho le mani legate») sul corpo del ferito. Il corpo, infatti, è sotto la giurisdizione altrui, quindi l'ospedale, così come la specificità del ruolo che Tareq riveste, vengono meno. Il proiettile attraversa il corpo di Yahya e la fila quello della società.

Le due traiettorie sembrano parallele, e l'una rimanda all'altra nel loro essere entrambe dirette conseguenze del potere assoluto della Porta, che nasconde i documenti medici di un cittadino colpito da un proiettile, facendo finta che questo non sia mai stato sparato, e ignora le richieste delle persone che sostano in fila. Sul finire del romanzo, un annuncio della Porta chiuderà ulteriormente la morsa di oppressione attorno al corpo di Yahya:

> Questa volta [la voce della televisione] aveva un tono ancor più solenne. L'annunciatore indossava una giacca elegante grigia a righe oblique. Disse che erano in arrivo delle decisioni importanti adottate dalla Porta, e dedicò all'articolo 4.1 un apposito spazio a fine lettura, aggiungendo che era stato aggiunto un nuovo comma, il 4.1 bis, avente forza di legge all'atto di emanazione. In linea con il nuovo spirito della Porta e all'inse-

> gna della moralità e del controllo della coscienza, questo nuovo articolo rispondeva agli sviluppi a cui il Paese aveva assistito negli ultimi tempi: «Non si concedono permessi per l'estrazione di pallottole salvo a chi abbia dimostrato con prove inoppugnabili di averne indubitabile diritto, nonché di avere totale rispetto della moralità e della probità e di essere in possesso di un Certificato di Buona Cittadinanza ufficiale, o di analogo titolo che dimostri che è un cittadino autentico. Non verranno accettati certificati di Buona cittadinanza che non rechino la firma dello Sportello e il timbro della Porta».[24]

La sfera dei diritti umani e civili, che nella sua vulnerabilità Yahya rappresenta appieno, è completamente soppiantata dall'arbitrio della Porta, che crea passaggi amministrativi e burocratici sempre nuovi, esprimendosi in un linguaggio tra il giuridico e il burocratese, senza mai fare riferimento al diritto che il malato ha di ricevere una cura, ma ingiungendo di produrre un documento che certifichi il suo status di 'cittadino autentico' (*muwàtin sàlih)*[25] dove l'aggettivo riunisce i caratteri di 'devozione' e 'obbedienza'. In altre parole, riallacciandoci a quanto si diceva in precedenza sulla sfera dei diritti e doveri di cit-

---

[24] ivi, pp. 116-117.

[25] Basma Abdel Aziz, *al-Ṭābūr*, al-Tanwīr lil-Ṭibā'a wa-al-Nashr wa-al-Tawzī', Beirut 2013, p. 133.

tadinanza collegati all'idea di persona, notiamo qui l'antinomia di una burocrazia spersonalizzata che invalida – fino a prova contraria – lo status di cittadino e di persona di Yahya, preparandosi invece a riconoscere come valida la sola accezione di 'cittadinanza' conforme al potere, quindi una cittadinanza disciplinata e 'rispettosa della morale' (non dimentichiamo che Yahya aveva partecipato agli Sciagurati Eventi: si inizia a intravedere ora il nesso tra la sua sorte e la sua partecipazione a… cosa? Di cosa si trattò e perché fu colpito da un proiettile?). La vanità di ogni tentativo di ottenere, da parte di Yahya, il permesso dalla Porta convincerà Amani a introdursi nell'Ospedale delle Folgori, una struttura comunicante con la Porta, per recuperare la radiografia necessaria. Come vedremo, anche lei fallirà e Yahya, ormai 'disciplinato' nella sua posizione in fila, sarà lasciato morire dissanguato.

La Fila e la Porta: i corpi disciplinati

I corpi in fila, visibilmente allineati, contenuti, delimitati nei movimenti sono reificati nella loro controllabilità. Lo spazio vitale della persona, in fila come in cella, si restringe fino a prendere i limiti fisici del corpo. La Porta è l'istituzione che regola tutto questo, ispirandosi chiaramente al modello letterario – già presente ne *La città e i cani* di Vergas Llosa – del *Panopticon.* Disegnato da Jeremy Bentham nel XVIII secolo come istituto carcerario e strumento di controllo di determinate porzioni di società, Foucault lo rilegge come un «dispositivo funzionale che deve migliorare l'esercizio del potere rendendolo più rapido, più leggero, più efficace, un disegno di coercizioni sottili per una società da venire».[26]

Le funzioni della Porta, altro analogo letterario del Panopticon, sono garantite dalla posizione dell'edificio sulla folla, dalla pervasività del suo sguardo (simile a quel Grande Fratello orwelliano indirettamente rievocato, nella versione inglese del romanzo, dal simbolo faraonico dell'occhio di Horus che si staglia sullo sfondo giallo della copertina) su persone, media, coscienza e senso della morale.

Se la Porta è l'istituzione dall'autorità oscura che controlla la popolazione attraverso la propria stessa impermeabilità e l'eccessiva burocratizzazione che si dirama dai suoi inarrivabili uffici, la Fila è conseguenza della Porta, è la sua reificazione al di fuori dell'edificio che la contiene. La Fila è polarizzata e autonoma rispetto al tessuto urbano: alcuni mezzi di trasporto, in particolare alcune linee di autobus, si organizzano per raggiungerne l'ormai interminabile propaggine. Molti dei personaggi coinvolti, come Umm Mabruk, aprono piccole attività commerciali atte a servire le persone in fila tanto che, potremmo dire, questo ambiente finisce per costituire un vero e proprio mercato autonomo. La Fila è insieme nega-

[26] Michel Foucault, *Sorvegliare e punire. Nascita della prigione*, trad. it. di Alcesti Tarchetti, Einaudi, Torino 1976, p. 228.

zione dello spazio individuale e corrosione dello spazio urbano, che non interagisce con essa, ma anzi ne viene divorato. La dimensione spaziale del romanzo, così come quella temporale, corrisponde ad una precisa esigenza di narrazione:

> In Egitto, oggi come oggi, i corpi sono strettamente controllati, attraverso il controllo dei bisogni primari delle persone, attraverso una situazione economica vessatoria, che condiziona enormemente la vita delle classi medie e basse.
>
> Possiamo anche notare il grande aumento di prigioni nuove, istituti costruiti negli ultimi anni, che contengono centinaia di detenuti. I corpi vi vengono umiliati, gli animi spezzati, ed è così che si creano personalità sottomesse, individui senza risorse, che saranno poi incapaci a resistere all'oppressione.[27]

La Fila reifica i corpi di cui l'autrice parla nell'intervista, e lo fa non solo posizionandoli nella fila che dà il nome al romanzo, ma convogliando storie minori, che spesso non si intrecciano ma si giustappongono alla ricerca infruttuosa di Yahya, e che hanno per scenario l'ospedale, la compagnia telefonica, le abitazioni dei privati. In ognuno di questi posti non ci sembra essere la possibilità di respirare liberamente.

---

[27] Intervista all'autrice, 23 dicembre 2018.

Le alterazioni sistematiche della verità nella propaganda e nelle comunicazioni della Porta si inframmezzano alla storia di Yahya, l'esempio più lampante è la negazione, reiterata da parte della Porta, di aver fatto ricorso alle armi durante la gestione degli Sciagurati Eventi. Yahya tuttavia ha una pallottola nel suo corpo, il suo corpo diventa quindi lo 'scandalo' che la macchina propagandistica vuole annientare. La sua ricerca del documento, è destinata a fallire, così come destinato a fallire è il tentativo di Amani di penetrare in un'area protetta dell'Ospedale delle Folgori per prendere da sé le radiografie smarrite e compiere un piccolo atto di giustizia in autonomia. La sua azione sarà punita con la tortura, e proprio su questo elemento vorrei concludere questa lettura del romanzo. Abdel Aziz, psichiatra specializzata anche nel trattamento di vittime della tortura, sceglie di costruire le scene della detenzione e tortura di Amani per sottrazioni e allusioni, anziché per descrizioni e dettagli: la voce 'esteriore' e pervasiva entra in questo frangente nell'intimità di Amani e ne ricalca i pensieri disordinati. Al lettore non è dato di sapere nel dettaglio quanto accade, se non che per lei si tratta di qualcosa di indicibile. La donna 'scompare' alla vista degli amici, di Umm Mabruk che la considera una figlia, del fidanzato, e nulla si saprà di lei per un tempo non precisato, allo stesso modo anche il lettore non saprà mai, nel dettaglio, cosa sia successo durante la detenzione. Quello che è chiaro è che, dopo questa esperienza, Amani non reca traccia di tortura, ma la sua personalità e atteggiamento sono cambiati, a dispetto di quanto di lei aveva sempre pensato Yahya. Sorpresa nell'area riservata, al quinto piano dell'Ospedale delle Folgori, Amani viene interrogata da un uomo dietro alla scrivania. Quando l'uomo e un funzionario dell'ospedale sostengono di non avere le radiografie di Yahya, Amani alza la voce, tanto da indurre l'uomo a ristabilire a gran voce la 'sua' verità:

> - Nessuno è stato ferito da proiettili quel giorno, né il giorno dopo, né nessun altro giorno. Chiaro?
> Amani perde il controllo:
> - È una bugia! La ferita esiste! E non appena verrà operato denuncerà chi gli ha sparato: quella pallottola che è ancora nel suo corpo sarà la prova definitiva.[28]

Nella scena successiva, Amani è avvolta dal buio:

> Niente. Niente di niente. Non era bendata ma vedeva tutto nero. Si era tolta i palmi dalle orecchie ma non sentiva alcun suono, non trovava nulla da toccare. Né pareti, né colonne, né sbarre. Niente. Solo il pavimento su cui stava in piedi, seduta o distesa, ma forse non c'era nep-

[28] Abdel Aziz, *La Fila*, cit., p. 152.

> pure quello. Camminava in tutte le direzioni, ma non si scontrava con nulla. Incontrava solo il vuoto. [...]
> Non poteva toccare altro che il proprio corpo, udire altro che la propria voce. E quello strano pavimento, che non aveva né la freddezza del marmo, né il suono del legno quando ci batteva i piedi, né la morbidezza di un tappeto, né altro... si chinò e avvicinò il naso: nessun odore. Scoprì che non sentiva odori, neppure quello del proprio sudore o dei propri vestiti. Vestiti? Si rese conto in quel momento che non aveva i jeans, la giacca e la borsa. L'avevano forse lanciata nello spazio, nuda su un pianeta buio e vuoto? E che altro? Che altro le era successo prima che si rendesse conto di trovarsi lì?[29]

Stephan Milich suggerisce che l'autrice potrebbe essere stata ispirata da *The Portail* di François Bizot, romanzo che ritrae il regime, fatto di violenze e torture, dei Khmer Rossi in Cambogia e che l'autrice stessa cita nel suo libro *Dhakirat al-Qahr* (Il ricordo dell'Oppressione).[30] I due romanzi, quello di Bizot e la *La Fila*, condividono senz'altro l'attenzione nel riprodurre le strategie discorsive e i meccanismi psicologici che il regime militare

---

[29] ivi, pp. 152-53.

[30] Stephan Milich, *Terror and Traumatization in Basma 'Abd al-'Azīz's "al-Ṭabūr"*, in Guth- Pepe (a cura di), *Arabic Literature...*, cit., p. 148 nota 5.

utilizza per controllare i pensieri e le azioni della popolazione. Abdel Aziz stessa, come ricorda Milich, individua nell'autocritica e nella spersonalizzazione dell'individuo la punizione estrema perpetrata dal sistema ai danni dei propri cittadini: la violenza inflitta ad Amani, resa per ellissi e per sottrazione come si è detto, è una rappresentazione quasi iconica di questo processo, per cui nulla viene lasciato al cittadino, non una certezza di dove sia la verità, non sentimenti di amore o amicizia, non integrità fisica o morale, non desiderio di vita.

Conclusioni

I tre caratteri di Tareq, Yahya e Amani fanno riferimento a nostro avviso a tre aree della personalità, rispettivamente l'intelletto, la volontà e l'affettività, e potrebbero anche essere lette come lati di una 'persona' unica che il potere – nel suo lavorìo complesso, che travalica i confini della singola istituzione, o ente (in questo caso la Porta) – estendendosi nei discorsi, nelle azioni e nei codici morali, riesce a sfigurare alla fine della storia. La distopia di Abdel Aziz si realizza attraverso la spinta verso il parossismo di meccanismi presenti nella realtà: è un romanzo in cui la non-azione (le attese in casa, le attese in fila, lo svolgersi della vita di tutti i giorni nella prigione della burocrazia dittatoriale che la pervade) ha la meglio sull'azione. Nella definizione di Mikessel e Suggs la distopia «mostra un'utopia disfunzionale»:[129] in questo romanzo possiamo senza tema di smentita considerare gli

Sciagurati Eventi come un riferimento obliquo alla rivoluzione del 2011, mentre la fila (assoggettata, orientata, poiché sempre rivolta verso la Porta, disciplinata) rappresenta l'antifrasi della piazza eterotopica (luogo libero, pluridirezionale e multifunzionale). *La Fila* contiene l'immagine di un uomo, Yahya, il cui corpo-scandalo riflette, nell'inesorabile fine, la sorte collettiva. Quanto ad Amani, personaggio che più di ogni altro cerca di contrastare il potere della Porta, ella subisce alla fine la lezione violenta del sistema e, per effetto dei postumi traumatici delle violenze, finisce per interiorizzare la narrazione stessa della Porta, e negare ella stessa la 'realtà' della pallottola nel corpo di Yahya:

> Amani tirò un sospiro di sollievo. Nel messaggio della Porta aveva trovato quello che aveva tanto desiderato, ed era molto sollevata. Era tutto inventato. L'avevano data a bere non solo a lei, ma a tutti quanti. Era una spiegazione logica e convincente di quanto aveva passato. Se avesse creduto loro fin dall'inizio non avrebbe mai lasciato il suo lavoro, non si sarebbe isolata in casa chiudendosi in casa [...] negò le minacce, la paura, l'attesa relegandole in una zona nascosta della sua memoria, e allontanò tutto quel che le

[31] Margaret Lael Mikesell-Jon Christian Suggs, *Zamyatin's We and the Idea of Dystopie*, «Studies in 20th Century Literature», 7, 1, (1982) p. 89.

> aveva tolto il sonno. Provò invano a convincere Yahya che il proiettile che gli era penetrato nel corpo e si era piantato nel suo bacino era finto, e che non aveva più importanza estrarlo [...]. Ma lui non riuscì a convincersene, dato che non la smetteva di sanguinare.[32]

Nella sua tessitura paziente, il romanzo riesce a ritrarre la disperazione polarizzata della Fila, che è quella di una popolazione in attesa. Le azioni principali del romanzo sono i meccanismi di potere in atto al suo interno che si estrinsecano nel lento trasformarsi delle persone comuni, come Tareq, in conniventi del potere, nel mutare di Amani (nome arabo corradicale di *amàn*, «fede in Dio») da donna empatica e affettuosa in essere abulico, in seguito alla tortura subita, e infine nella vicenda del corpo-scandalo di Yahya, perforato da una pallottola del regime, e per questo dal regime condannato a morire.

---

[32] Abdel Aziz, *La fila*, cit., pp. 205-206.

LA REAZIONE IN EUROPA

Paul Starkey

LE REAZIONI BRITANNICHE AL CASO REGENI*

Questo capitolo si propone di passare in rassegna, in maniera succinta, le reazioni britanniche al caso Regeni, a partire dal giorno della scomparsa di Giulio Regeni avvenuta al Cairo il 25 gennaio 2016. Nelle pagine che seguono si è privilegiato l'ordine cronologico; rispetto alle fonti prese in esame, esse sono inevitabilmente – benché non esclusivamente – tra le più accessibili e includono, oltre ai siti internet della Bbc e del *Guardian*, anche i contenuti online di altre testate giornalistiche che si sono giudicate utili ai fini della nostra ricerca. Il resoconto qui proposto riguarda non solo la mediatizzazione del caso di cronaca propriamente detto, ma anche e soprattutto le reazioni suscitate nel mondo dell'università, della politica

* Le opinioni e le posizioni espresse in questo capitolo sono nostre e non rappresentano necessariamente gli orientamenti della British Society for Middle Eastern Studies (Brismes), di cui l'autore è stato vicepresidente, né dell'università di Durham o di qualsiasi altra istituzione o ente di ricerca.

e delle istituzioni in senso lato. Pur focalizzandosi in particolar modo sul Regno Unito, ove necessario ci si riferirà, più in generale, allo 'spazio anglofono'.

Come ovunque, anche in Gran Bretagna durante i giorni immediatamente successivi alla scomparsa di Giulio Regeni la copertura mediatica dell'evento è stata un misto di silenzio, speculazioni di vario genere e – a seguito della scoperta del corpo senza vita del ragazzo – resoconti di natura puramente fattuale. A ben guardare, questi tre tipi di reazione hanno continuato ad alternarsi e a confondersi dall'inizio del 2016 fino a oggi. Con la scoperta del corpo di Regeni – avvenuta il 3 febbraio 2016 e annunciata dalla Bbc l'indomani,[1] in un modo, a posteriori, piuttosto emblematico – si apre una fase caotica, caratterizzata da versioni contrastanti in merito alle cause della morte del ragazzo, così come al fatto che in aggiunta all'Egitto, non uno, ma due altri Paesi sarebbero stati coinvolti nella vicenda: l'Italia e l'Inghilterra. Il servizio della Bbc, infatti, cita Ahmad Nagi, un ex pubblico ministero egiziano, quando ci informa che «il corpo di uno studente italiano di cui si erano perse le tracce una settimana fa al Cairo è infine stato ritrovato e mostra chiari segni di tortura fisica», aggiungendo, però, che un altro non precisato ufficiale egiziano aveva lasciato

---

[1] *Italian student Giulio Regeni's body found in Egypt*, «Bbc», 4 febbraio 2016, http://bbc.co.uk/news/world-middle-east-35490825, consultato il 3.5.2018.

intendere in una dichiarazione pubblica che le cause della morte avrebbero potuto essere accidentali e forse dipendere da un semplice incidente stradale. A chiunque abbia una qualche conoscenza dei classici della letteratura egiziana moderna, un tale scenario non potrà non evocare in maniera sinistra l'incipit del romanzo di Tawfiq al-Hakim *Diario di un procuratore di campagna*[2] dove il cadavere di un agricoltore egiziano, Qamar al-Din Dawla, viene scoperto sulle rive di un fiume, e porta i segni dell'aggressione subita da una o più persone sconosciute. Questo primo servizio della Bbc riporta anche che il ministro degli Affari esteri italiano avrebbe immediatamente preso contatto con l'ambasciatore egiziano per esprimere la sua inquietudine nei confronti dell'accaduto, tanto più che lo studente ritrovato morto stava conducendo delle ricerche dottorali sui sindacati e i diritti dei lavoratori (un tema certamente sensibile nell'Egitto di al-Sisi), e che, come affermato da un membro dell'American University in Cairo (Auc) «ormai da tempo era diventato estremamente difficile e pericoloso fare ricerca in Egitto». Un secondo reportage, realizzato dal corrispondente ufficiale della Bbc a Roma e diffuso sul sito dell'emittente, non aveva tardato a intitolarsi *Italians exasperated* (Italiani esasperati) per via dell'ingente

[2] Tawfiq al-Hakim, *Diario di un procuratore di campagna*, trad. it. di Samuela Pagani, Nottetempo, Roma 2005.

numero di narrazioni contraddittorie in merito alla morte di Giulio Regeni.

A seguito della scoperta del corpo di Regeni, gli universitari, a Cambridge ma non solo, hanno rapidamente deciso di passare all'azione. Anne Alexander e Maha Abdelrahman (relatrice di dottorato di Regeni a Cambridge) scrivono una lettera aperta al presidente al-Sisi.[3] Nuovi fatti (o quantomeno nuove supposizioni) incominciano a emergere: il *Guardian*, per esempio, pensa di provare che Giulio si fosse dimostrato 'preoccupato' circa la sua situazione in Egitto, a seguito della pubblicazione, in un quotidiano italiano dichiaratamente di sinistra (*Il Manifesto*),[4] di suoi articoli riguardo le condizioni e i diritti dei lavoratori in Egitto.[5] Al momento del terzo servizio della Bbc sulla vicenda Regeni (8 febbraio

---

[3] Ellie Olcott, *Two Cambridge academics write an open letter to Egyptian President after the death of Giulio Regeni*, «The Tab», 5 febbraio 2016, https://thetab.com/uk/cambridge/2016/02/05/two-cambridge-academics-write-an-open-letter-to-egyptian-president-after-the-death-of-guilio-regeni-67982, consultato il 22.8.2019.

[4] [*N.d.C.*] La notizia è in realtà infondata poiché, a dispetto delle iniziative di Giulio Regeni in tal senso, il quotidiano non pubblicò i suoi articoli.

[5] S. Kirchgaessner-R. Michaelson-A. Gani, *Italian student Giulio Regeni found dead in Cairo 'with signs of torture'*, «The Guardian», 4 febbraio 2016, https://www.theguardian.com/world/2016/feb/04/italian-student-found-dead-egypt-giulio-regeni-torture, consultato il 22.8.2019.

2016),[6] l'ipotesi che le forze dell'ordine egiziane potessero aver giocato un ruolo essenziale nell'omicidio del ragazzo aveva ormai preso piede e, prevedibilmente, era anche già stata contestata dall'Egitto. Il sito della Bbc riporta in questa fase che l'Italia aveva esercitato non poche pressioni sul governo egiziano perché questo si impegnasse a trovare i responsabili, ma anche che i risultati di una seconda autopsia condotta dagli italiani sul corpo del ragazzo avevano contraddetto definitivamente le precedenti dichiarazioni rilasciate dai medici legali investiti dall'autorità egiziana, secondo cui Regeni sarebbe morto sul colpo, a seguito di una singola frattura alla testa. Lo stesso giorno, l'8 febbraio 2016, una lettera pubblicata dal *Guardian* e firmata da oltre quattromila universitari provenienti da tutto il mondo, attirava l'attenzione dell'opinione pubblica sul fatto che la morte di Regeni non era da considerarsi un caso isolato e si concludeva con la seguente richiesta:

> Richiediamo dunque alle autorità egiziane di collaborare, fornendo indagini indipendenti e imparziali volte a elucidare ogni possibile caso di sparizione forzata, di tortura e morte avvenuta in circostanze di detenzione tra gennaio e febbraio

---

6 *Giulio Regeni : Egypt rejects police role in student's death*, «Bbc», 8 febbraio 2016, http://bbc.co.uk/news/world-middle-east-35525871, consultato il 3.5.2018.

> di quest'anno; richiediamo di esaminare i procedimenti giudiziari in atto e relativi alla morte di Giulio, in maniera tale da poter identificare e condannare i responsabili di questo e degli altri crimini sopra evocati.[7]

A qualche giorno di distanza dalla diffusione di quest'appello, il 12 febbraio 2016 – giorno dei funerali di Giulio in Italia – più di sessanta persone, molte di queste con una rosa bianca in mano, si sono riunite in occasione di una veglia, organizzata di fronte all'ambasciata d'Italia a Londra, per ascoltare ex compagni di università e amici rendere omaggio al collega dottorando dell'Università di Cambridge.[8]

Nel frattempo, il professor David Runciman, capo di dipartimento al Polis (Department of Politics and International Studies, Cambridge University), aveva scritto al console generale egiziano a Londra per esprimere il cordoglio della comunità accademica, inevitabilmente sotto shock a seguito dell'accaduto, e per sottolineare che le

---

[7] Jack Shenker, *Thousands of academics demand inquiry into Cairo death of Giulio Regeni*, «The Guardian», 8 febbraio 2016, https://www.theguardian.com/world/2016/feb/08/thousands-of-academics-demand-inquiry-into-cairo-death-of-giulio-regeni, consultato il 22.8.2019.

[8] Patrick Greenfield, *Regeni: funeral in Italy for student found dead in Cairo*, «The Guardian», 12 febbraio 2016, https://www.theguardian.com/world/2016/feb/12/giulio-regeni-funeral-in-italy-for-student-found-dead-in-cairo, consultato il 22.8.2019.

autorità italiane «avevano sollecitato il realizzarsi di un'azione congiunta, con la partecipazione di esperti dall'Italia», oltre che richiesto di essere informate in tempo reale sull'evolversi delle indagini in corso. Susan Smith, direttrice del College di Giulio Regeni a Cambridge, si era premurata anche lei, non soltanto di prendere contatto con la famiglia di Giulio per esprimere le sue condoglianze e fornire un sostegno concreto, ma anche, insieme ad altri membri della comunità accademica, di entrare in contatto diretto con l'ambasciatore britannico al Cairo, per richiedere un corretto svolgimento delle indagini destinate a individuare e punire i colpevoli. Una dichiarazione congiunta e ufficiale delle azioni intraprese dagli universitari è stata resa pubblica il 9 febbraio 2016 e aggiornata a intervalli regolari da questa data in poi.[9]

Fuori da Cambridge, il 'caso Regeni' aveva progressivamente cominciato a suscitare l'attenzione e le analisi di altre comunità accademiche, nel Regno Unito e a livello internazionale. Già il 4 febbraio 2016, soltanto un giorno dopo la scoperta del corpo senza vita di Giulio, i colleghi americani facenti parte della Middle East Studies Association of North America (Mesa) avevano scritto ad al-

---

[9] Una lista delle dichiarazioni effettuate a partire dal 2016 è accessibile sul sito dell'Università di Cambridge, al seguente indirizzo: https://www.cam.ac.uk/notices/news/statements-from-the-university-of-cambridge-about-the-death-of-giulio-regeni.

Sisi e ad altri dignitari egiziani, stabilendo significativamente un legame tra la vicenda di Giulio e tutta una serie di altre questioni legate alla repressione delle libertà accademiche in Egitto. In questa missiva si osservava che

> anche nel caso in cui la morte di Giulio fosse da considerarsi come un episodio isolato, sarebbe stata da affrontare in modo più adeguato, perché i suoi responsabili potessero essere individuati e puniti [...]. Ciononostante, quello che rende la vicenda di Giulio ancora più inquietante è che sembra trattarsi solo della conseguenza più recente [...] del clima di instabilità e pericolo alimentato dalla situazione politica attuale in Egitto, e particolarmente minaccioso per chi, come Giulio, è impegnato in attività di natura accademica.[10]

La lettera in questione descrive la morte di Giulio come «un prodotto prevedibile dell'acuirsi dello stato di repressione contro studenti e ricercatori». Una lettera simile, indirizzata alle autorità egiziane dalla Brismes (società di ricerca alla quale, peraltro, lo stesso Regeni era

---

[10] Middle East Studies Association, *Torture and murder of Italian student Giulio Regeni*, «Middle East Studies Association», 4 febbraio 2016, https://mesana.org/advocacy/committee-on-academic-freedom/2016/02/04/torture-and-murder-of-italian-student-giulio-regeni, consultato il 3.5.2018.

appartenuto), venne diffusa due giorni più tardi,[11] in concomitanza con le pratiche iniziate da più parti per riuscire a organizzare un incontro tra Frances Guy (l'allora presidente della Brismes) e l'ambasciatore egiziano a Londra. Questo incontro non sarebbe mai avvenuto.

La gravità della situazione divenne ancora più manifesta quando, il 10 febbraio 2016, il Mesa fece seguire alla diffusione della lettera sopra menzionata il documento *Security Alert for Study and Research in Egypt*.[12] Quest'ultimo richiamò immediatamente l'attenzione sul numero crescente di attentati alla libertà d'espressione e alla libertà accademica in Egitto e si spinse fino ad affermare quanto fosse percepito come necessario «il mettere in guardia, proclamando un vero e proprio stato di emergenza, chiunque, appartenente all'università e al mondo della ricerca, indipendentemente dalla posizione accademica rivestita – professori, ricercatori, studenti –, stesse considerando la possibilità di recarsi in Egitto per motivi di studio». Qualche giorno dopo la diffusione di questo messaggio, il 15 febbraio 2016, un articolo pubblicato sulla testata britannica *The Times Higher Education Supple-*

---

[11] Brismes, *BRISMES letters on the death of Giulio Regeni and government response*, «Brismes», 6 febbraio 2016, http://www.brismes.ac.uk/advocacy/170-open-letter-al-sisi, consultato il 21.8.2019.

[12] Middle East Studies Association, *Security Alert for Study and Research in Egypt*, «Middle East Studies Association», 10 febbraio 2016, https://networks.h-net.org/node/11419/discussions/111649/mesa-issues-security-alert-study-and-research-egypt, consultato il 21.8.2019.

ment – largamente frequentata dagli universitari britannici – si propose di discutere apertamente di come il caso Regeni fornisse degli spunti fondamentali per riflettere sulla nozione stessa di 'libertà accademica'. In questo testo si afferma che le università hanno il dovere di tutelare i propri studenti e che una tale tutela si esplicita spesso e volentieri attraverso rigorosi *ethics approval processes* (procedimenti suscettibili di accertare i contenuti etici dei progetti proposti, così come la condotta etica nel lavoro di supervisione e/o di realizzazione della ricerca). Il contributo si conclude con la richiesta di un supporto da parte di tutti, nel completamento di una petizione da indirizzarsi direttamente al Parlamento britannico.[13]

Per quanto non sia del tutto chiaro se la *security advisory notice* del Mesa abbia avuto un effetto immediato o meno, a questo stadio era ovvio per chiunque si sentisse coinvolto in maniera più o meno diretta dagli eventi in questione che il caso Regeni non fosse affatto prossimo a una risoluzione definitiva, e che qualsiasi tipo di risoluzione avrebbe comunque implicato tempistiche lunghe ed esiti problematici. Il 25 marzo 2016 la Bbc riferisce una comunicazione ufficiale del governo egiziano,[14] secondo cui Giulio Regeni sarebbe stato assalito e ucciso da una

---

[13] Hannah Waddilove, *Why the UK government should care about Giulio Regeni*, «Times Higher Education», 15 febbraio 2016, https://www.timeshighereducation.com/blog/why-uk-government-should-care-about-giulio-regeni, consultato il 29.8.2019.

[14] *Giulio Regeni: Egypt's claim Italian killed by gang 'implausible'*,

banda di criminali (tesi sostenuta anche dal ritrovamento dello zaino del ragazzo in un edificio connesso alle attività di tale banda). L'attendibilità di una simile notizia venne subito messa in discussione dagli universitari britannici che esercitarono ulteriori pressioni affinché le indagini fossero svincolate da ogni eventuale interesse di parte. La Bbc riporta, nella stessa occasione, che la tesi difesa dal governo egiziano è giudicata inattendibile dai famigliari di Regeni e sarebbe dunque all'origine di una pubblica richiesta di richiamare l'ambasciatore italiano dall'Egitto,[15] indirizzata alla Commissione per i Diritti umani del governo italiano e chiaramente sostenuta dai genitori del ragazzo.

Il British Foreign and Commonwealth Office (Fco) si era fatto notare per la sua totale assenza negli sviluppi del caso Regeni, rispetto alle cui indagini non aveva preso posizione alcuna fino al 26 aprile 2016, quando il governo britannico rilasciò una dichiarazione pubblica, in risposta a una petizione che fino ad allora era riuscita a raccogliere più di diecimila firme. La dichiarazione, redatta in un linguaggio manifestamente 'diplomatico', inizia con un *We*: «[Noi, il governo britannico] siamo rimasti sconvolti dall'assassinio di Giulio Regeni e dalla

---

«Bbc», 25 marzo 2016, http://bbc.co.uk/news/world-middle-east-35899741, consultato il 3.5.2018.

[15] Julian Miglierini, *Giulio Regeni murder: family in Egypt expects Egypt answers*, «Bbc», 5 aprile 2016, https://www.bbc.com/news/world-europe-35958932.

brutalità con cui si è messa fine alla sua vita»; prosegue con una descrizione dettagliata del sostegno assicurato fino ad allora al governo italiano e degli scambi intrattenuti parallelamente con il governo egiziano; si conclude con una dichiarazione riguardante l'insoddisfazione rispetto ai pochi progressi effettuati nelle indagini relative al caso.[16] Il contenuto e i toni di questa dichiarazione sono stati generalmente considerati 'deboli'. Un professore dell'università di Cambridge li commentò in maniera significativa, affermando che:

> non si dovrebbe dover far ricorso ad una petizione di 10.000 firme per spingere il governo a parlare e fare in modo che la sua voce si aggiunga a quella di quanti stanno rivendicando un'indagine autonoma, libera, non condizionata, in merito a questo episodio di inusitata violenza. Si sente parlare di continuo di come gli affari britannici possano trarre beneficio da legami di stretta collaborazione tra Egitto e Regno Unito. Eppure, quando un dottorando di Cambridge viene torturato e ucciso, i ministri sembrano piuttosto riluttanti all'idea di dire qualcosa di troppo critico nei confronti delle autorità egiziane.[17]

[16] *Statement on UK steps to ensure a full investigation of Giulio Regeni's death*, «UK Government», https://petition.parliament.uk/archived/petitions/120832, consultato il 3.5.2018.

[17] *Giulio Regeni: Government call for full investigation of student murder*,

Significativamente, in aggiunta alla suddetta petizione, l'atteggiamento del governo britannico aveva, in questa fase, cominciato a suscitare polemiche anche in seno al gruppo dei suoi tradizionali sostenitori. Si pensi in particolar modo al deputato conservatore Crispin Blunt, che aveva scritto sull'*Huffington Post*, circa una settimana prima: «Il Fco deve fare importanti passi avanti per controbilanciare un'opinione diffusa, secondo cui, nel passato prossimo, i suoi ministri non hanno saputo rendere prioritari i diritti umani». Nello stesso intervento, Blunt aveva aggiunto, non senza provocazione: «Sostenere apertamente e con vigore gli italiani che chiedono giustizia, a fronte di quanto accaduto al loro connazionale Giulio Regeni, dottorando dell'Università di Cambridge, quasi sicuramente torturato e ucciso per mano delle forze dell'ordine egiziane, sarebbe un ottimo punto di partenza in tal senso».[18] Più o meno negli stessi giorni, la Bbc riportò anche che, all'apparente disinteresse del governo inglese, quello italiano aveva reagito, per contrasto, facendo effettivamente rientrare il suo ambasciatore dall'Egitto, in risposta a una mancata cooperazione delle

---

«Bbc», 12 aprile 2016, http://bbc.co.uk/news/uk-england-cambridgeshire-36024660, consultato il 3.5.2018.

[18] Stephanie Kirchgaessner, *UK adds to pressure on Egypt over Giulio Regeni murder*, «The Guardian», 12 aprile 2016, https://www.theguardian.com/politics/2016/apr/12/uk-foreign-office-pressure-egypt-giulio-regeni-murder, consultato il 3.5.2018.

autorità locali.[19] Le numerose e contraddittorie ipotesi in merito alle possibili cause della morte di Giulio Regeni vennero riassunte in un'intelligente analisi pubblicata dalla piattaforma *Mena Sources* il 26 febbraio 2016. In conclusione di tale analisi, si legge che:

> con le poche informazioni attendibili che si hanno a disposizione è impossibile determinare con esattezza quale teoria sia la più probabile – se la morte di Regeni sia da considerarsi deliberata o accidentale, se il ragazzo sia stato nelle mani delle forze dell'ordine egiziane, oppure se sia stato ucciso da qualcun altro.[20]

Il testo fa riferimento al fatto che nel novembre del 2015 si erano registrati quarantanove casi documentati di tortura avvenuti nei locali dei commissariati di polizia (nove di questi casi si erano conclusi con la morte di una persona). L'analisi si chiude con le considerazioni che seguono:

> è ormai tempo, per la comunità internazionale nel suo insieme, di implementare una politica

---

[19] *Giulio Regeni murder: Italy recalls ambassador to Egypt*, «Bbc», 8 aprile 2016, https://www.bbc.co.uk/news/world-middle-east-36001416, consultato il 21.8.2019.

[20] Karim Mezran, *The theories behind Regeni's murder*, «Atlantic Council», 12 aprile 2016, https://www.atlanticcouncil.org/blogs/mena-source/the-theories-behind-regeni-s-murder, consultato il 3.5.2018.

condivisa e chiara nei confronti del regime egiziano, basata sul rispetto effettivo dello stato di diritto e dei diritti umani, invece di credere sulla parola alle dichiarazioni del regime stesso. Se questo avvenisse, forse la morte di Giulio Regeni non sarebbe avvenuta invano.[21]

Nello stesso tempo, altre possibilità di azione si stavano esplorando, in ambiti e a livelli diversi. L'Università di Cambridge, per esempio, scrisse del caso Regeni al ministro italiano degli Affari esteri, ed è chiaro che fra coloro che sono intervenuti attivamente nel dibattito in corso, ce ne siano stati alcuni che hanno voluto affrontare, a partire dal caso in questione, discorsi di più ampio respiro, volti ad approfondire le implicazioni nascoste dietro alle circostanze più immediate dell'uccisione di Giulio. Il 16 aprile 2016, il giornalista Robert Fisk, celebre per i suoi numerosissimi reportage sulla situazione in Medio Oriente, scrisse:

> Bisognerebbe dedicare molta più attenzione di quanto non sia stato fatto finora alle istituzioni che Giulio Regeni si era proposto di studiare durante il suo soggiorno di ricerca al Cairo: i sindacati indipendenti rappresentano, nel lungo termine, un nemico di gran lunga più pericoloso per il governo di al-Sisi [che i Fratelli Musulmani].[22]

---

[21] *ibid.*

Più o meno negli stessi giorni, un articolo del *Time Magazine* suggerì che il caso Regeni «aveva posto sotto i riflettori [dell'Occidente] l'esperienza brutale della repressione politica in Egitto»; in quest'articolo si osservava anche che, stando alle informazioni trasmesse dall'Egyptian Commission for Rights and Freedoms, duecentonove persone erano scomparse fra il mese di dicembre del 2015 e quello di marzo del 2016, centocinque delle quali non erano ancora state rinvenute. Sempre in questo intervento, si cita anche un universitario britannico secondo cui la versione dei fatti fornita dal ministro degli Interni egiziano – quella che vorrebbe far ricadere la colpa dell'uccisione di Regeni su una *gang* – non sarebbe altro che un 'alibi di copertura' (*cover up*).[23]

All'incirca nello stesso periodo, Amnesty International e altre associazioni organizzarono una manifestazione a Cambridge in memoria di Giulio Regeni e per chiedere giustizia. Fra le persone coinvolte, ci fu anche il deputato Daniel Zeichner, che dichiarò:

---

[22] Robert Fisk, *Murdered Italian student Giulio Regeni paid the ultimate price for his investigation into Al-Sisi's Egypt*, «Independent», 16 aprile 2016, https://www.independent.co.uk/murdered-italian-student-giulio-regeni-paid-the-ultimate-price-for-his-investigation-into-al-sisis-a6984011.html, consultato il 3.5.2018.

[23] Jared Malsin, *What the murder of an Italian student says about Egypt's security state*, «Time», 10 aprile 2016, http://time.com/4285659/giulio-regeni-italian-student-torture-murder-egypt/, consultato il 3.5.2018.

A Cambridge aleggia un profondo sentimento di tristezza e sconforto, dopo la morte di Giulio Regeni. Intendo rendere omaggio agli attivisti locali, ai loro sforzi, alle loro azioni. Ciò detto, sono sempre più costernato di fronte alle deboli prese di posizione del governo nei confronti dell'accaduto.[24]

Largamente condivise, queste considerazioni trovarono eco anche nei contenuti di un blog, poi riportato sul sito di Amnesty:

Il governo sta facendo abbastanza rispetto a quanto di terribile è accaduto a Giulio Regeni? E per abbastanza intendo: sta investendo per davvero tempo, soldi ed energie per tentare di capire cosa davvero sia successo a questo studente? Ci sono ottime ragioni di credere che la risposta sia no.[25]

In questo post si osservava anche che i responsabili degli Affari esteri della House of Commons avevano di

[24] *Amnesty International prepares to rally over Regeni's death in Egypt*, «Al Arabiya English», 22 aprile 2016, http://english.alarabiya.net/en/News/middle-east/2016/04/22/Amnesty-International-prepares-to-rally-over-Regeni-death-in-Egypt.html.

[25] *Truth for Giulio Regeni*, «Amnesty International UK», 25 aprile 2016, https://www.amnesty.org.uk/blogs/press-release-me-let-me-go/truth-giulio-regeni, consultato il 7.5.2018.

recente espresso la loro inquietudine nei confronti del fatto che il governo non stesse fornendo sufficiente aiuto alle autorità italiane, e comunque che non stesse fornendo il sostegno che la gravità di quanto accaduto a Regeni avrebbe richiesto. Ciononostante, Daniel Zeichner e altri continuarono a fare in modo che il caso Regeni restasse d'attualità e suscitasse una meritata attenzione mediatica; un ulteriore incontro fu organizzato, con la partecipazione di Zeichner e Amnesty, verso metà maggio. Il verbale dell'assemblea riporta che «un membro dell'uditorio espresse in questa occasione insoddisfazione rispetto ai modi in cui l'università stava intervenendo»; questi definì «estremamente deludente» la mancata condanna verbale da parte del vicerettore Leszek Borysiewicz nei confronti delle autorità egiziane.[26] Nonostante avesse cancellato una visita in Egitto pianificata in precedenza, all'epoca Leszek Borysiewicz non aveva ancora rilasciato alcun commento sullo svolgimento delle indagini in corso, e la sua riluttanza a prendere posizione pubblicamente era ancora più manifesta se comparata all'impegno e alle parole del deputato Daniel Zeichner. Il 16 giugno 2016, la Bbc riferì che i genitori di Regeni, avviliti per via della mancanza di sviluppi reali nelle indagini, ave-

---

[26] Sam Harrison, *Cambridge Amnesty International criticises government response to Regeni case*, «The Cambridge Student», 21 maggio 2016, https://www.tcs.cam.ac.uk/cambridge-amnesty-international-criticises-government-response-to-regeni-case, consultato il 7.5.2018.

vano invocato delle sanzioni contro l'Egitto presso l'Unione europea e avevano incontrato personalmente Daniel Zeichner a Bruxelles.[27] Zeichner riprese in un discorso pubblico le toccanti parole della madre di Giulio: «Gli amici uccidono i figli gli uni degli altri?» e si impegnò a fare in modo che, con la collaborazione di altre persone, potesse continuare il duro lavoro di ricerca della verità.[28]

Parallelamente agli sforzi per velocizzare un'indagine seria e attendibile, i media anglofoni (come altrove) hanno alimentato speculazioni non soltanto riguardo all'identità degli assassini di Regeni, ma anche alla precisa natura della ricerca di Giulio. Un articolo di Michael Georgy trasmesso alla Reuters il 4 agosto 2016 dava particolari della vita, carattere e carriera universitaria di Regeni: «"Era una forza della natura" diceva un collega "con una passione e un'intensità intellettuale eccezionali, e grande senso di giustizia sociale"».[29] L'articolo proseguiva spiegando come Giulio fosse stato colpito dal

---

[27] *Giulio Regeni murder: parents call for EU sacntions on Egypt*, «Bbc», 16 giugno 2016, https://www.bbc.co.uk/news/uk-england-cambridgeshire-36550853, consultato il 3.5.2018.

[28] *The unsolved murder of a Cambridge student needs further investigation*, «New Statesman», 5 luglio 2016, https://www.newstatesman.com/politics/staggers/2016/07/unsolved-murder-cambridge-student-needs-further-investigation, consultato il 5.7.2018.

[29] Michael Georgy, *In Egypt, an Italian student's research stirred suspicion before he died*, «Reuters», 4 agosto 2016, https://www.reuters.com/investigates/special-report/egypt-regeni/, consultato il 5.3.2018.

lavoro di Maha Abdelrahman, che poi è divenuta sua relatrice a Cambridge per la ricerca del giovane sui sindacati dei venditori ambulanti, e trattava di esperienze di altri accademici occidentali che avevano avuto attriti con le forze dell'ordine egiziane in tempi recenti. In particolare, l'articolo riportava nel dettaglio il presunto incontro tra Regeni e un possibile informatore di nome Abdallah e finiva sottolineando (se mai ce ne fosse stato bisogno) che ormai le indagini sul caso procedevano a rilento e che i rapporti tra l'Italia e l'Egitto erano tesi. Un'analisi dei fatti ancora più dettagliata si trova in un articolo del *Guardian* datato 4 ottobre 2016, che approfondisce i vari colpi di scena del caso, e fa notare che «il clima di xenofobia e brutalità della polizia in Egitto ha sollevato dubbi nella magistratura italiana sull'opportunità da parte dell'Università di Cambridge di consentire a un giovane studente straniero di recarsi al Cairo per la ricerca sul campo su un argomento così delicato».[30] Questa pista ha posto inevitabilmente al centro del dibattito il ruolo di Maha Abdelrahman – una posizione che ha mantenuto a lungo – e allo stesso tempo ha messo in evidenza l'esistenza di un confronto tra l'università di Cambridge e le autorità italiane riguardo a chi fra l'università e la professoressa Abdelrahman (o entrambi) si fosse rifiutato di

[30] Alexander Stille, *Who nurdered Giulio Regeni?*, «The Guardian», 4 ottobre 2016, https://www.theguardian.com/world/2016/oct/04/egypt-murder-giulio-regeni, consultato il 5.3.2018.

mettere a disposizione delle prove (accusa che entrambe le parti hanno smentito con veemenza).

Se da un lato le cose sembravano procedere a passo d'uomo nella seconda metà del 2016, la vigilia del primo anniversario dalla morte di Giulio ha riscontrato un rinnovato turbinio di attività; in parte una ripetizione di eventi precedenti, tuttavia sullo sfondo di una quantità di nuove informazioni. In primo luogo, Daniel Zeichner, il deputato locale di Cambridge che si era sempre fortemente interessato al caso, aveva scritto al segretario degli Affari esteri britannico, Boris Johnson, richiedendo aggiornamenti sui progressi dell'indagine.[31] Alla sua richiesta si era associato il deputato europeo locale, Alex Mayer, che aveva rilasciato una dichiarazione che criticava il governo del Regno Unito per la sua mancanza di solerzia, e richiamava l'attenzione su un evento organizzato al Parlamento europeo in collaborazione con i colleghi europarlamentari italiani dove si sarebbe discusso di nuovo del caso Regeni.[32] Un ulteriore fattore di complicazione si era aggiunto al dibattito quando la Tv egi-

---

31 *Cambridge MP writes to Foreign Secretary on anniversary of Giulio Regeni's murder*, «Daniel Zeichner», Cambridge Independent, 24 gennaio 2017, https://www.cambridgeindependent.co.uk/news/cambridge-mp-writes-to-foreign-secretary-on-anniversary-of-cambridge-student-s-murder-9053423/.

32 *One year on, still no truth for Giulio*, «Alex Mayer MEP», 25 gennaio 2017, https://labourclp493.nationbuilder.com/one_year_on_still_no_truth_for_giulio_regeni, consultato il 7.5.2018.

ziana, come riportato dalla Bbc,[33] aveva trasmesso un video in cui si vedeva un individuo chiedere denaro a Giulio alcune settimane prima della sua morte. Il video aveva indotto Khaled Fahmy (cattedra *Sultan Qaboos Bin Said* di Arabistica moderna all'università di Cambridge), a mettere a confronto Giulio e il suo interlocutore puntando sull'emotività:

> Da un lato vediamo un ragazzo pieno di energia ed entusiasmo, motivato da un profondo desiderio di fare del bene, che si adopera per aiutare persone che conosce appena, e che fa tutto ciò mosso da un grande desiderio di essere un cittadino del mondo responsabile e giusto: [...] dall'altro abbiamo un personaggio abietto, corrotto e disonesto che non si è voluto fidare di un fragile straniero che cercava di aiutarlo.[34]

Fahmy proseguiva:

> E ciò che rende questa storia più grande di un semplice scambio fra due persone vistosamente diverse, ai poli opposti della scala morale, è l'esi-

---

[33] *Giulio Regeni: Egypt airs video of murdered Egyptian student*, «Bbc», 24 gennaio 2017, https://www.bbc.co.uk/news/world-middle-east-38729358, consultato il 3.5.2018.

[34] Khaled Fahmy, *Watching Giulio*, «Khaled Fahmy», 24 gennaio 2017, https://khaledfahmy.org/en/2017//01/24/2385/, consultato il 3.5.2018.

stenza dello Stato egiziano, rappresentato dalla polizia e dalle forze dell'ordine statali che aleggiavano su questo incontro funesto.[35]

Per buona parte del 2017, mentre ci si inoltrava nel secondo anno delle cosiddette 'indagini' sulla tortura e l'omicidio di Giulio («morto come un egiziano», per citare la madre), c'è stato ben poco da aggiungere. Le stesse condotte e strategie che avevano caratterizzato i vari attori nel primo anno successivo alla morte di Giulio sembrano essersi mantenute nel secondo. Sebbene il vicerettore di Cambridge, che fino ad allora aveva mantenuto una linea di basso profilo nell'affare, abbia scritto al segretario degli Affari esteri del Regno Unito il 28 febbraio 2017 riguardo al caso, sarebbe arduo riscontrare un qualche senso di urgenza nella sua lettera.[36] Un articolo di Declan Walsh per il *New York Times*, pubblicato nell'agosto 2017, coglie efficacemente l'umore generale di frustrazione e disperazione nei confronti di ogni progresso nell'indagine, riportando nel dettaglio un'intervista al procuratore Ahmad Nagi: «Gli omicidi possono restare irrisolti, possiamo solo aspettare. Inshallah, qualcosa succederà» ha detto Nagi. È indicativo che Walsh

---

35 *ibid.*

36 Leszek Borysiewicz, «University of Cambridge», 28 febbraio 2018, https://www.cam.ac.uk/system/files/johnson_boris_mp_investigation_into_the_murder_of_giulio_regeni_28-02-1.pdf, consultato il 22.8.2019.

abbia evidenziato che «i funzionari egiziani hanno molta esperienza nell'affrontare le crisi proprio in questo modo: negazione, poi offuscamento, seguiti dall'affanno per far passare il tempo nella speranza che i problemi possano scomparire».[37]

Un altro colpo di scena nella storia, seppur di vita breve, è sopraggiunto nel settembre 2017 con la notizia, riportata da vari organi di stampa, che l'avvocato egiziano di Regeni, Ibrahim Metwaly, era stato trattenuto all'aeroporto del Cairo mentre era in procinto di volare verso Ginevra per parlare a un convegno delle Nazioni unite;[38] la stimata corrispondente della Bbc Orla Guerin ha rimarcato che questa mossa coincideva con l'entrata in vigore di una nuova legge egiziana, condannata dagli attivisti per i diritti umani, che regolamenta le Ong.[39] Allo stesso tempo, i rapporti tra l'Italia e l'Egitto sembravano in fase di miglioramento, come attestato dal ritorno dell'ambasciatore italiano al Cairo il 14 settembre

---

[37] Declan Walsh, *Why was an Italian graduate student tortured and murdered in Egypt?*, «New York Times Magazine», 15.8.2017, https://www.nytimes.com/2017/08/15/magazine/giulio-regeni-italian-graduate-student-tortured-murdered-egypt.html, consultato il 3.5.2018.

[38] Daniel Gayne, *Lawyer investigating death of Giulio Regeni disappears*, «Varsity», 13 settembre 2017, https://www.varsity.co.uk/news/13458, consultato il 7.5.2018.

[39] Orla Guerin, *Egypt detains lawyer investigating enforced disappearances*, «Bbc», 13 settembre 2017, https://www.bbc.co.uk/news/world-middle-east-41252663, consultato il 3.5.2018.

2017. Nel frattempo, a Cambridge il deputato locale Daniel Zeichner e un gruppo di attivisti studenteschi continuavano a pretendere una risposta più decisa da parte del governo del Regno Unito, mentre a sua volta l'università veniva criticata dal ministero degli Esteri italiano a causa della sua mancata cooperazione nell'indagine, un'accusa che l'università ha fortemente smentito.

Il 2 novembre 2017 un articolo sul quotidiano *La Repubblica* intitolato *Omicidio Regeni, le bugie di Cambridge sui rischi di Giulio* ha contribuito a spostare radicalmente il fulcro del dibattito, accusando la relatrice di Giulio, la professoressa Maha Abdelrahman, di essere stata responsabile della morte del ragazzo per quello che *La Repubblica* ha definito il suo silenzio e la sua evasività. L'articolo termina con queste parole:

> Lo stesso imbarazzo che in questi 20 mesi [dalla morte di Giulio] ha finito per consentire che un veleno intossicasse la memoria di Giulio, confondendo il suo amore per la ricerca con inconfessabili, quanto falsi, interessi e attività di soft power e intelligence per conto di governi stranieri [...] E per questo e per il resto sin qui ancora ignoto che ora tocca alla professoressa Maha Mahfouz Abdelrahman. All'Università di Cambridge. Al Governo e alla magistratura britannica.[40]

[40] Carlo Bonini-Giuliano Foschini, *Omicidio Regeni, le bugie di Cam-*

Prevedibilmente l'articolo ha suscitato una risposta energica, perché nonostante questa non fosse la prima occasione in cui si era commentato sui rapporti della professoressa Maha Abdelrahman con Giulio, il tono dell'articolo de *La Repubblica* sanciva l'inizio di una nuova fase nel dibattito. Il 3 dicembre 2017 le accuse venivano energicamente smentite in una lettera aperta al *Guardian* firmata da più di trecento accademici del Regno Unito e di altri Paesi, che concludevano nel modo seguente:

> Né Giulio né la professoressa Abdelrahman sono stati responsabili in alcun modo della sua morte. I responsabili dell'omicidio di Giulio sono in Egitto, e la responsabilità di determinare quale sia la verità ricade solo ed esclusivamente sul regime egiziano.[41]

Questi sentimenti sono stati ripresi poche settimane dopo dal nuovo vicerettore di Cambridge, Stephen Toope, che ha imbastito una strenua difesa del comportamento della professoressa Abdelrahman in termini considerevol-

---

bridge sui rischi di Giulio, «la Repubblica», 2 novembre 2017, https://www.repubblica.it/esteri/2017/11/02/news/regeni_cambridge-179993364/?refresh_ce, consultato il 22.8.2019.

[41] *Giulio Regeni's supervisor must not be blamed for his murder*, «The Guardian», 3 dicembre 2017, https://www.theguardian.com/world/2017/dec/03/giulio-regeni-murder-egypt-maha-abdelrahman, consultato il 22.8.2019.

mente più decisi di quelli usati nella maggior parte dei comunicati precedenti dell'università britannica.[42]

In seguito a questo 'battibecco' tra l'Italia e l'università di Cambridge, si sarebbero compiuti dei passi per allentare le tensioni tra l'università e le autorità italiane e britanniche. Il 7 dicembre 2017 il *Guardian*, la Bbc e altre fonti riportavano che si erano verificati degli sviluppi importanti, in quanto il governo britannico aveva accettato un mandato d'indagine europeo, e la professoressa Abdelrahman aveva acconsentito a cooperare e a sottoporsi a un interrogatorio.[43] Successivamente a tali sviluppi, il 10 gennaio 2018 il *Guardian* scriveva che gli inquirenti avevano sequestrato il computer e altre attrezzature della relatrice, anche se 'sequestrato' appare una parola ingiustificatamente emotiva per quella che si era intesa generalmente come una consegna volontaria delle attrezzature.[44]

---

[42] *A message from the Vice-Chancellor to the academic community, 16 January 2018*, «University of Cambridge», 16 gennaio 2018, https://www.cam.ac.uk/notices/newstatements-from-the-university-of-cambridge-about-the-death-of-giulio-regeni, consultato il 22.8.2019.

[43] Stephanie Kirchgaessner, *Giulio Regeni murder: Cambridge tutor agrees to speak to Italian investigators*, «The Guardian», 7 dicembre 2017, https://www.theguardian.com/education/2017/dec/07/cambridge-professor-to-answer-italian-questions-over-of-student, consultato il 22.8.2019.

[44] *Giulio Regeni murder: investigators seize tutor's computer*, «The Guardian», 10 gennaio 2018, https://www.theguardian.com/education/2018/jan/10/giulio-regeni-investigators-seize-tutors-computer, consultato il 22.8.2019.

Il 25 gennaio 2018, il secondo anniversario dalla scomparsa di Regeni, il caso è stato di nuovo portato all'attenzione del Parlamento britannico da Daniel Zeichner, deputato di Cambridge che si era sempre adoperato strenuamente per tenere in vita la 'questione Regeni'.[45] Tuttavia, come in precedenza, ben poco di rilevante è emerso in seguito all'intervento di Zeichner, e per gran parte del 2018 sia la gente che il governo del Regno Unito sembravano aver perso interesse nel caso. A ogni modo, accademici e non hanno compiuto dei tentativi per mantenere la vicenda sotto i riflettori. Nel maggio 2018 la Brismes ha partecipato alle giornate di studio *La ricerca per Giulio Regeni* organizzate da Sesamo (Società per gli studi sul Medio Oriente) a Catania e a Messina, alle quali sono intervenuti due membri del Consiglio di Brismes insieme ad altri accademici britannici. Quasi allo stesso tempo, Gilbert Achcar, tra gli autori di questo volume, ha pubblicato un breve articolo nell'edizione aprile/maggio 2018 di *The Middle East in London* nel quale osserva apertamente che:

> il sistema giudiziario italiano è stato più inquisitorio nei confronti della sua relatrice di quanto non lo sia stato verso le autorità egiziane. E il

[45] *Cambridge MP raises Giulio Regeni murder in the House of Commons on the two year anniversary of his disappearance,* «Daniel Zeichner», 31 gennaio 2018, https://www.danielzeichner.co.uk/regeni_two_year_anniversary, consultato il 7.5.2018.

governo del Regno Unito ha fatto di più per agevolare quest'intollerabile persecuzione di un membro di un istituto universitario britannico di quanto non abbia fatto per indagare sull'omicidio di uno studente dello stesso istituto.[46]

Altre critiche al governo inglese sono seguite un paio di mesi dopo quando, nel luglio 2018, il caso è stato presentato al convegno annuale della Brismes a Londra da parte di un membro che ha rimarcato una contraddizione tra l'entusiasmo del governo del Regno Unito per lo sviluppo di accordi universitari anglo-egiziani e la sua apparente mancanza d'interesse nel perseguire un'analisi attenta dell'affare Regeni.

In seguito al convegno, la Brismes ha intavolato un dialogo con l'*Universities UK* (l'organizzazione delle università del Regno Unito che aveva capitanato una recente delegazione di università britanniche al Cairo con lo scopo di rafforzare i legami universitari), e nel novembre 2018 ha approfittato della nomina di un nuovo ambasciatore del Regno Unito al Cairo (Sir Geoffrey Adams) per risollevare la questione con il ministero degli Esteri d'oltremanica nel tentativo di infondere un qualche senso di urgenza nell'affare. Sfortunatamente, la risposta di Alistair Burt, ministro di Stato per il Medio Oriente –

---

46 *Giulio Regeni's murder: human tragedy and political scandal*, «The Middle East in London», 14, 3 (2018), https://www.soas.ac.uk/lmei/meil/recent-issues/file132118.pdf, consultato il 22.8.2019.

datata 18 dicembre 2018 e mascherata dal tipico linguaggio neutro del Fco – ha fatto ben poco per fare intendere che l'affare fosse una delle priorità del governo britannico. La lettera – di cui alcuni passaggi fanno eco alla risposta data da Burt pochi giorni prima a una richiesta parlamentare scritta presentata da Emily Thornberry, segretaria di Stato ombra per gli Affari esteri –[47] sottolinea che il Regno Unito «continua a ribadire la necessità di un'indagine trasparente e imparziale in collaborazione con le autorità egiziane sulle circostanze dell'omicidio del signor Regeni» e aggiunge che il Regno Unito resta in stretto contatto con le autorità italiane, che conducono le operazioni sul caso. Ancor più significativamente, la lettera di Burt sembra suggerire che non si sarebbe permesso (e che non si sarebbe dovuto permettere) che l'omicidio di Regeni ostacolasse lo sviluppo di relazioni di scambio universitario:

> Non pensiamo che terminare la cooperazione tra le università sia la soluzione. Non sarebbe giusto negare ai giovani egiziani l'opportunità di una buona istruzione e di un brillante futuro a causa delle azioni dei colpevoli di questo crimine. È importante che si continuino a instaurare, mantenere ed espandere rapporti formativi come

---

[47] Emily Thornberry, *Giulio Regeni: Written question – 201609*, «UK Parliament», 12 dicembre 2018, https://www.parliament.uk/business/publications/written-questions-answers-statements/written-question/Commons/2018-12-12/201609, consultato il 22.8.2019.

> mezzo di promozione di dialogo e scambio culturale. Migliorare gli standard formativi nel mondo è una via importante per sostenere sviluppo, stabilità e prosperità.[48]

Una linea, questa, non dissimile da quella dei commenti rilasciati dal ministro italiano dell'Interno Matteo Salvini in un'intervista al *Corriere della sera* qualche mese prima, quando aveva affermato che: «Sì, vogliamo ricostruire buoni rapporti. Io comprendo bene la richiesta di giustizia della famiglia di Giulio Regeni. Ma per noi, per l'Italia, è fondamentale avere buone relazioni con un Paese importante come l'Egitto».[49]

A inizio dicembre 2018 le tensioni tra le autorità egiziane e italiane si sono inasprite quando i procuratori di Roma hanno deciso di terminare la loro collaborazione con le autorità giudiziarie egiziane, e di indagare cinque funzionari delle forze dell'ordine del Paese, iniziativa a cui il procuratore generale egiziano ha ribattuto invitando la sua controparte italiana a rispondere del fatto che Giulio fosse entrato in Egitto con un visto turistico. L'*escalation*

---

[48] Brismes, *BRISMES letters on the death of Giulio Regeni...*, http://www.brismes.ac.uk/images/response%20from%20alistair%20burt.pdf.

[49] Marco Cremonesi, *Salvini: «Da luglio meno soldi per chi chiede asilo. Ricucire con l'Egitto»*, «Il Corriere della sera», 12 giugno 2018, https://milano.corriere.it/notizie/politica/18_giugno_12/salvini-da-luglio-meno-soldi-chi-chiede-asilo-ricucire-l-egitto-8057d49a-6e88-11e8-9963-ead0cc069d04.shtml, consultato il 22.8.2019.

nelle tensioni tra le autorità dei due paesi è stata abbondantemente riportata dai media d'oltremanica[50] ma, come dimostrato dalle risposte dei ministeri del Regno Unito alle richieste di cui sopra, c'era molto poco che facesse intendere che il caso fosse di particolare interesse per il governo di Londra (a questo punto completamente allarmato dal caos della Brexit). Il 13 dicembre 2018 il Parlamento europeo ha approvato una risoluzione che esprime «la sua ripetuta indignazione di fronte alla tortura e all'omicidio del ricercatore italiano Giulio Regeni», e ribadisce che «continuerà a sollecitare le autorità del Parlamento europeo a impegnarsi con le loro controparti egiziane finché non sia stata stabilita la verità su questo caso e i colpevoli non siano stati chiamati a rispondere dei loro reati».[51] Questa risoluzione, tuttavia, non sembra aver suscitato molto scalpore nel Regno Unito, e l'ambasciatore britannico d'Egitto, Sir Geoffrey Adams, ha fornito un'indicazione decisa delle sue priorità con un *tweet* del 10 dicembre 2018: «Un nuovo passo in avanti nella collaborazione tra Gran Bretagna ed Egitto: la Gran Bretagna accresce i suoi investimenti in Egitto con il 45%

---

[50] Si veda ad esempio: *Giulio Regeni: Italy names Egyptian police in murdered student case*, «Bbc», 4 dicembre 2018, https://www.bbc.co.uk/news/world-europe-46439288, consultato il 22.8.2019.

[51] *European Parliament resolution of 13 December 2018 on Egypt, notably the situation of human rights defenders (2018/2968(RSP))*, «European Parliament», 13 dicembre 2018, http://www.europarl.europa.eu/doceo/document/TA-8-2018-0526_EN.pdf?redirect, consultato il 22.8.2019.

della concessione Nour. Un grande incremento per la crescita economica e la creazione di posti di lavoro».[52]

Questo è lo stato di cose attuale, adesso che anche il terzo anniversario dalla morte di Giulio è già trascorso. In primo luogo, vale la pena osservare che l'affare Regeni non ha generato nel Regno Unito lo stesso livello di attenzione o preoccupazione che in Italia, e che il pubblico d'oltremanica è rimasto perlopiù ignorante, e anche indifferente, riguardo alle questioni che questo ha suscitato. In secondo luogo, come osservato più volte, sebbene l'affare Regeni rappresenti per fortuna (almeno finora) un episodio raro, se non unico, nella storia delle ricerche britanniche ed europee in Egitto, l'esperienza della scomparsa, tortura e morte alla quale Giulio è stato sottoposto costituisce un rischio diffuso per accademici e molti altri non solo in Egitto, ma in gran parte del Medio Oriente. In terzo luogo, per quanto non ci sia bisogno di dire che il fardello del lutto più grande sia portato (con estrema dignità) dai genitori e dalla famiglia di Giulio, non dobbiamo dimenticarci che l'accaduto è stato traumatico anche per altri, più chiaramente per la relatrice di Giulio, e che alcuni degli attacchi ai quali la professoressa Abdelrahman è stata sottoposta sono stati del tutto ingiustificati. Infine, benché sia vero che, trattandosi di cittadino italiano, è spettato (e spetta) al governo italiano

---

[52] «British Ambassador to Egypt», 10 dicembre 2018, https://twitter.com/GeoffreyDAdams/status/1072104054292131840, consultato il 22.8.2019.

condurre l'indagine sul caso Regeni, il fatto che si trattasse di uno studente iscritto ad un'università britannica ha conferito al governo del Regno Unito un chiaro *locus standi* nell'affare, e resta difficile stimare se la cosa sia stata gestita con la dovuta diligenza o meno. Ciò è particolarmente spiacevole, tanto più che il caso ha chiaramente fatto venire a galla una serie di importanti questioni interconnesse, fra cui questioni di libertà accademica, delle limitazioni alla ricerca sul campo nel Medio Oriente contemporaneo, e 'dell'obbligo di assistenza' che le università devono assicurare ai propri studenti, per non parlare poi di problematiche che vanno ben oltre gli affari prettamente accademici, fra cui il basilare stato dei diritti umani nella regione mediorientale, e cosa definisca una 'politica estera etica'. Riguardo alle istituzioni universitarie e politiche del Regno Unito è una triste testimonianza che, per quanto molte di queste questioni fossero state portate all'attenzione fin dal febbraio 2016, esse abbiano in seguito ricevuto ben poca considerazione. È in parte per questo motivo che la Brismes al momento sta istituendo una Commissione sulla libertà accademica, nella speranza che alcune di queste problematiche possano essere seguite in maniera più coerente ed efficace. Purtroppo, c'è ben poco che faccia pensare che le università o il governo del Regno Unito (di fatto attualmente paralizzate dalle complessità della Brexit) saranno preparati a perseguire tali questioni in modo efficace in un prossimo futuro.

Tornando al romanzo di Tawfiq al-Hakim del 1937,

Diario di un procuratore di campagna, ricordiamo che finisce senza che l'assassino di Qamar al-Din Dawla venga scoperto, dopo un'indagine nella quale il narratore si è imbattuto in una particolare combinazione egiziana (per citare la copertina dell'edizione inglese) di «burocrazia, intrighi politici e incompetenza pasticciona da parte dei funzionari statali».[53] «Come ci si potrebbe aspettare che noi troviamo il colpevole in un caso oscuro come questo» riflette il narratore «quando il *ma'mur* e tutti i suoi agenti erano immersi fino ai capelli a falsificare i risultati delle elezioni...?». E così il ricordo di Qamar al-Din Dawla viene ufficialmente cancellato con la semplice formula finale «Si archivia il caso per la mancata identificazione del colpevole, ecc.., ecc..».[54]

Possiamo solo sperare che la conclusione dell'affare Regeni non si dimostri un altro caso della vita che imita l'arte. Nel frattempo, dobbiamo a tutti quelli coinvolti di dedicarci al caso e di impegnarci affinché le indagini giungano a una risoluzione celere e plausibile, e i responsabili vengano puniti.

(Traduzione dall'inglese di Guido Furci)

---

[53] Tawfik al-Hakim, *Maze of Justice: Diary of a Country Prosecutor*, trad. Ing. di Abba Eban, Saqi Books, London 1989. La traduzione è mia.

[54] *id.*, *Diario di un procuratore di campagna*, cit., p. 199.

Mariavita Cambria

«NON CONSENTIREMO CHE VENGA CALPESTATA LA DIGNITÀ DEL NOSTRO PAESE». LE REAZIONI DEI LETTORI AL CASO REGENI NELLA STAMPA ITALIANA E BRITANNICA

La stampa ha giocato un ruolo fondamentale nella creazione di narrazioni contrastanti sul caso Regeni. Sin dai primi giorni, notizie di natura estremamente diversa tra loro si sono accavallate nel tentativo di dare senso a un episodio ingiustificabile e inspiegabile. Notizie ufficiali si sono sovrapposte a quelle meno ufficiali a un ritmo forsennato di botta e risposta tra i vari attori coinvolti; fondamentale in questo scenario è stato il ruolo giocato dai *social* e dalle varie piattaforme 'parallele' a quelle di quotidiani e mezzi di informazione. Essi hanno generato una serie di commenti e reazioni che, a loro volta, ne hanno influenzati altri che, con un movimento centripeto hanno contribuito ad alimentare specifici immaginari. In questo contributo ci si propone di analizzare le reazioni dei lettori alle notizie sulla stampa italiana e inglese prendendo come punto di partenza i commenti online che offrono una panoramica su come alcune narrazioni attorno al caso Regeni siano state innescate, rafforzate e riprodotte. Questo saggio è diviso in tre 'tempi': il primo delinea come si intenda la condivisione (o *sharingship*) nella stampa contemporanea; il secondo illustra la lente utilizzata nell'analisi dei dati raccolti; il terzo mostra il *corpus* e i risultati emersi dalla consultazione.[1]

Primo tempo: lo *sharingship* nella stampa contemporanea

La diffusione delle versioni online delle maggiori testate giornalistiche ha fatto sì che vi sia oggi un accesso alla notizia che non è più monodirezionale, univoco e convergente ma divergente con la possibilità di amplificare al massimo una sorta di 'contagio' della stessa; il pubblico può infatti oggi paragonare e mettere a contrasto le rappresentazioni di un evento su scala globale. Le interazioni con il *mouse* o semplicemente con un *click* o con un lieve tocco della mano hanno totalmente rimpiazzato l'idea tradizionale della lettura della notizia e del quotidiano come qualcosa di lineare dove si prevede un contatto fisico tra lettore e pagina. Possiamo quindi considerare i quotidiani online e in generale i siti di notizie come 'eventi web' difficilmente separabili da altri luoghi da

---

[1] Con *sharingship* si intende non soltanto l'atto di condividere una notizia, ma tutte le implicazioni del gesto in termini non solo individuali ma collettivi. Su questo, si veda: Mariavita Cambria-Cristina Arizzi-Francesca Coccetta (a cura di), *Web Genres and Web Tools,* Ibis, Pavia-Como 2012.

dove si propagano notizie: sono luoghi dinamici, intertestuali e funzionano sia sincronicamente che diacronicamente attraverso una loro continua evoluzione nel tempo.

Ci offrono quindi una finestra sulle notizie che è dialogica ed eteroglossica mettendo in primo piano la visione che ha Bakhtin della lingua e della comunicazione come elementi che costituiscono un macrogenere dinamico nel quale la notizia è creata e percepita attraverso diversi media ma che funziona anche come luogo nel quale fatti e opinioni possono essere messi in discussione, commentati e negoziati dialogicamente in una continua e incessante conversazione che si gioca tra una comunità di utenti (o *users*), lettori e giornalisti.[2] Particolarmente rilevanti nel caso Regeni sono state le reazioni agli articoli pubblicati. Tale tipologia testuale, definita *article-cum-comments*, offre la possibilità ai lettori e utenti di interagire sia con i contenuti dell'articolo che tra la comunità che si crea attorno agli stessi.[3] Sulla carta stampata, i precursori degli *article-cum-comments* sono sicuramente le lettere agli editori, luoghi nei quali i lettori avevano l'opportunità di discutere con i giornalisti ma

---

[2] Michail Bakhtin, *The Dialogic Immagination: Four Essays*, Michael Holquist (a cura di), University of Texas Press, Austin 1981.

[3] A tal proposito, si veda: Mariavita Cambria, *Commenting, Interacting, Re-posting: A Systemic-functional and Multimodal Analysis of Online Newspapers' Comments*, in Sheena Gardner-Sian Alsop (a cura di), *Systemic Functional Linguistics in the Digital Age*, Equinox Publishing Ltd., Sheffield-Bristol 2016, pp. 81-95.

con vincoli che andavano da quelli meramente legati al *format*, quali il numero di caratteri, a quelli più generici, quali la lentezza nella risposta. Nulla a che vedere ovviamente con le opportunità di oggi che sono libere da tempo e spazio; ci sono possibilità sempre crescenti nei quotidiani online che coinvolgono gli utenti trasformandoli in creatori di notizie. Molteplici sono gli effetti dello *sharingship* che consentono una partecipazione degli utenti alla notizia senza aver alcun limite spaziale e/o temporale e che spesso hanno una funzione di propagazione senza alcun controllo della veridicità/attendibilità della stessa.

La multimodalità della testualità contemporanea pone altre sfide tra cui quella di gestire testi non lineari che possono presentarsi, secondo la definizione di Unger, Wodak e KhosraviNik come *multiplatform* e *interlocking*, cioè in veste di molteplici piattaforme che funzionano a incastro tra di loro.[4] I contenuti sulle pagine web e sui *social media* possono contenere un piccolo testo (canonicamente definito) e altri 'pezzi' di testo connessi con immagini e/o *link*, elenchi e similari che possono amplificarne il significato; ogni *tweet* può portare frammenti di lingua che sono integrati con immagini ed *emoticons*: qui la lingua stessa assume una natura speciale, quella che van

[4] Johann W. Unger-Ruth Wodak-Majid KhosraviNik, *Critical Discourse Studies and Social Media Data*, in David Silverman (a cura di), *Qualitative Research*, 4th edition, Sage, Los Angeles-London 2016, pp. 277-293.

Leeuwen definisce un nuovo tipo di scrittura, ed è proprio qui che elementi visivi e lingua arrivano a lavorare insieme come insiemi coesi in un sistema integrato.[5] I meccanismi di testualità in tali situazioni non sono quindi creati solo ed esclusivamente da quelli che i linguisti definiscono «elementi di coesione» – quali ad esempio le congiunzioni, i pronomi, ecc.. – né troviamo un ordine preciso di lettura nel quale una sezione segue l'altra. Si crea piuttosto una coesione di costituenti misti: costituenti che è necessario tenere in considerazione nella fase analitica e che contribuiscono a creare una sorta di mappa semantica dei contenuti. È proprio sulle mappe semantiche che emergono dai commenti che si concentra questo contributo.

Secondo tempo: la lente dello sguardo

Prima di illustrare i risultati dell'analisi condotta, sembra opportuno mettere in chiaro 'la lente' utilizzata per leggere tali risultati, la prospettiva da cui si legge ciò che il *corpus* ci racconta, nella piena consapevolezza che tali precisazioni aiutino a capire meglio il peso che gioca la lingua in tali contesti. Si adotta lo sguardo dell'analisi critica del discorso (*Critical Discourse Analysis*, anche CDA), un filone specifico dell'analisi del discorso che si

[5] Theo van Leeuwen, *New Forms of Writing. New Visual Competencies*, «Visual Studies», 23, 2 (2008), pp.130-35.

concentra sul ruolo della lingua nella società e nei processi politici. Il *focus* dell'indagine non sono i processi sociali, sicuramente importantissimi, ma la lingua considerata come una «forma di pratica sociale»[6] utilizzata per legittimare, sostenere e rendere naturali svariate forme di potere e di disuguaglianza sociale. È bene sottolineare che con 'potere' si intende non solo la possibilità di veicolare in modo precipuo il pensiero altrui attraverso entità statali, legali e/o militari (o strutture quali il sistema penale) ma anche quella di esercitare un controllo preciso sulle idee e i valori usati per creare le nostre società. Tali forme pervasive di controllo sono disseminate attraverso istituzioni e organizzazioni come scuole, uffici pubblici e, ovviamente, i media. La lingua e la tipologia di comunicazione che sono prodotte da istituzioni e organizzazioni riflettono spesso gli interessi di chi detiene potere creando un consenso attorno a ciò che viene spesso considerata 'la cosa giusta per tutti'. Analizzare le strategie necessarie per creare e sostenere questi interessi dominanti può rappresentare una chiave di lettura importante per svelare taluni meccanismi discorsivi.

---

[6] Norman Fairclough, *Language and Power*, Longman, London 1989, p. 20. La traduzione è mia. Sull'analisi critica del discorso e il rapporto lingua e potere cfr.: Norman Fairclough (a cura di), *Critical Language Awareness*, Longman, London-New York 1992; Roger Fowler-Bob Hodge-Gunther Kress-Tony Trew, *Language and Control*, Routledge and Kegan Paul, London-Boston-Henley, 1979; Theo van Dijk, *Discourse Studies: A Multidisciplinary Introduction*, voll. I-II, Sage, London 1997.

Tali meccanismi risultano ancora più complessi da svelare quando si prendono in considerazione i nuovi ambienti digitali e i *social media* che sono completamente integrati nel modo con cui istituzioni e organizzazioni ufficiali si comportano, agiscono e operano nel panorama contemporaneo. Questioni sociali e politiche sono infatti rappresentate e dibattute proprio sui *social media* e, laddove nei testi analizzati in precedenza era chiaro identificare quali fossero le forme di rappresentanza elitaria – se non altro con il ricorso alle fonti esplicitamente citate nei testi – nei *social media*, con il loro mix di voci e di generi testuali, tale tipo di operazione risulta estremamente difficile. La tessitura della testualità contemporanea, l'intrinseca cross-comunicazione divergente rende arduo identificare le fonti di informazioni e i meccanismi ideologici.

Siamo quindi chiamati ad analizzare testi che, come detto, sono sicuramente meno statici, molto diversi tra di loro, che presentano un grado elevato di multimodalità con integrazioni enormi di grafici, liste e immagini.[7] La sfida è quindi stabilire quali siano le implicazioni di tali modalità di comunicazione nella disseminazione di

[7] La letteratura sugli studi multimodali è molto vasta, si veda: Gunther Kress-Theo van Leeuwen, *Reading Images. The Grammar of Visual Design*, Routledge, London-New York (NY) 1996; Gunther Kress-Theo van Leeuwen, *Multimodal Discourse. The Modes and Media of Contemporary Communication*, Hodder Arnold, London 2001; Gunther Kress, *Multimodality. A Social Semiotic Approach to Contemporary Communication*, Routledge, London-New York 2010.

discorsi e ideologie; significa catturare in che modo sembrano esserci degli scarti nei flussi di conoscenza e informazione nei quali vengono messi in discussione sia autorità che autorevolezza. Implica quindi mostrare come l'ideologia possa viaggiare e passare da gruppi diversi dando l'impressione di esprimere posizioni diverse ma, di fatto veicolando solo un unico punto di vista. Rimane anche da dimostrare cosa questo coinvolga in termini di utilizzo di software e hardware in relazione a interessi corporativi. Significa ripensare anche al ruolo dei produttori di notizie e ideologie, come sostengono Bouvier e Machin:

> I giornalisti operano in un ambiente che presenta oggi confini sbiaditi tra giornalismo partecipativo (*citizen journalism*), bloggers e altri ruoli. Tutti questi fattori suggeriscono che ci sono delle nuove relazioni tra produttori e lettori, che creano implicazioni su come nei testi vengono attribuiti elementi discorsivi e ideologie.[8]

[8] Gwen Bouvier-David Machin, *Critical Discourse Analysis and the challenges and opportunities of social media*, «Review of Communication», 18, 3 (2018), pp.178-92. La traduzione è mia. L'originale recita «Journalists now work in an environment where there are blurring boundaries between citizen journalists, bloggers, and other communication roles. All these factors suggest new relationships between producers and readers, creating implications for how we attribute discourses and ideology in texts».

Risulta quindi particolarmente complesso rintracciare e attribuire ideologie nei testi. Il dibattito sulle possibilità offerte dai nuovi media è molto ricco e animato da due tendenze principali: da una parte l'idea che i cosiddetti contenuti *user-generated* (generati cioè dagli utenti) aiutino a creare possibilità per punti di vista alternativi e quindi il cosiddetto *empowerment* (un accrescimento di potere e responsabilizzazione); dall'altra, la posizione che vede i contenuti generati dagli utenti come contenuti completamente immersi nelle categorie classiche dei valori tradizionali assegnati alle notizie. Tutto questo contribuisce alla creazione di narrazioni più o meno dominanti circa un preciso argomento.

Da un punto di vista strettamente linguistico, nel caso Regeni sembra che tutti gli attori e le istituzioni coinvolti siano stati (e continuino a essere) desiderosi di produrre delle narrazioni piuttosto precise: la narrazione della cordiale e piacevole relazione tra Italia ed Egitto; la narrazione che intende togliere valore alla forza della ricerca; quella che cerca di mettere in buona luce le istituzioni piene di potere coinvolte nell'affare e, al contrario, rafforza pregiudizi sul legame tra terrorismo e mondo arabo. Le narrazioni dominanti sulla stampa hanno generato delle narrazioni sui *social* che spesso riprendono e riportano quelle online amplificandone l'azione. Ci troviamo quindi davanti a narrazioni discorsive e controdiscorsive che vengono portate avanti a diversi livelli e su tribune e piattaforme diverse che ovviamente usano la lingua per rafforzare i loro elementi discorsivi sia in termini linguistici che in termini del discorso foucaldiano e che sono prodotti da un immaginario dominante che li veicola e li dirige.

Terzo tempo: il *corpus*

Uno degli scopi dell'approccio CDA è appunto fornire una visione generale di come la manipolazione nell'uso della lingua possa essere cruciale in alcune aree della comunicazione e, nello specifico, di come essa possa avere un effetto quando utilizzata nei commenti.[9] Partendo da queste coordinate teoriche e per gettare una luce su come tali categorie possano essere fattivamente dimostrate si è utilizzata una metodologia mista che contempla l'uso di *corpora* mettendo quindi in atto analisi di collocati e co-occorrenze su un certa quantità di dati.[10]

---

[9] Su questo, si veda: Norman Fairclough, *Analysing Discourse. Textual Analysis for Social Research*, Routledge, London-New York 2003; Vikram Bhatia-John Flowerdew-Rodney H. Jones, *Advances in Discourse Studies*, Routledge, London-New York 2008.

[10] Il termine 'collocazione', coniato sul modello dell'inglese *collocation*, indica associazioni preferenziali di parole, che non formano un'espressione idiomatica, ma non sono neanche «combinazioni libere». Il termine indica la combinazione (tecnicamente «co-occorrenza») di due o più parole che tendono a presentarsi insieme più spesso di quanto si potrebbe prevedere. Sulla linguistica dei *corpora* e l'interazione con Critical Discourse Analysis cfr. Paul Baker, *Using Corpora in Discourse Analysis*, Continuum, London-New York 2006; Tony McEnery-Paul Baker (a cura di), *Corpora and Discourse Studies: Integrating Discourse and*

Gli articoli che compongono il *Regeni Case Corpus (RCC)* sono stati raccolti attraverso la banca dati *full-text* Lexis Nexis (lexisnexis.com) contenente notizie tratte dai quotidiani e periodici più diffusi al mondo che consente di fare una ricerca per parole chiave scegliendo fonti, arco temporale e anche la posizione nella stringa linguistica nella quale si intende ricercare il termine. Si è dapprima effettuata una ricerca per titolo degli articoli dei maggiori quotidiani italiani e britannici contenenti rispettivamente «caso Regeni» e «Regeni case» nel periodo 25 gennaio 2016 - 30 aprile 2018. Lexis Nexis consente, tra le altre funzioni, una ricerca per titolo e lingua e consente di scaricare i testi in formato txt e questo ha permesso di controllare le occorrenze non solo nei titoli ma anche nel corpo del testo di taluni articoli. Le tabelle 1, 2 e 3 contengono rispettivamente i numeri degli articoli pubblicati in tale periodo, il numero dei commenti e infine quello delle condivisioni (gli *shares*).

La ricerca ha prodotto 941 risultati nel caso della stampa italiana e 91 per quella britannica, numeri che impallidiscono davanti all'ammontare dei commenti. Si è quindi proceduto alla creazione di due *corpora* principali: uno per gli articoli, denominato *RCC* e composto da

---

Corpora, Palgrave Macmillan, London-New York 2015; Tony McEnery-Richard Xiao-Yukio Tono, *Corpus-Based Language Studies. An Advance Resource Book*, Routledge, London-New York 2006.

258.000 *tokens*[11] (di cui 235.250 per gli articoli in italiano e 22.750 per quelli in inglese) e 223.432 forme grafiche o parole (*types* o *words*); l'altro il *RCCom* (*Regeni Case Comments*) nel quale sono stati raccolti i commenti suddivisi a loro volta in due *subcorpora*: *RCComIt* (composto da 554.345 *tokens*) per i commenti in italiano, e *RCComEn* (composto da 135.435 *tokens*) per quelli in inglese. Come detto, in questo breve saggio ci concentreremo sui commenti e, nello specifico, sul paragone tra i due *subcorpora*.

Per la costruzione dei *corpora* è stato usato il motore di ricerca ma anche delle tecniche miste, manuali, semima-

[11] La *tokenizzazione*, ovvero l'operazione mediante la quale si suddivide il testo in *token*, è relativamente semplice per lingue che adoperano gli spazi per delimitare le parole; molto complessa per lingue a sistema ortografico continuo (l'operazione richiede algoritmi estremamente complicati). Il *token* è definibile come una qualunque sequenza di caratteri delimitata da spazi; tuttavia, tale definizione lascia spazio a numerose eccezioni. È importante operare un'altra differenza all'interno della linguistica computazionale, cioè quella tra *types* (o «forme grafiche») e *token*. Per *types* si intendono le parole diverse tra loro, mentre per *tokens* («parole» o «occorrenze») il numero complessivo delle parole. Ad esempio, la frase «vado in montagna sia in estate che in inverno» contiene otto *types* (la preposizione «in» è ripetuta due volte) e nove *tokens*. Il rapporto tra i due numeri fornisce una misura della varietà lessicale di un testo: quanto maggiore è il numero di *types* all'interno di un *corpus*, e quindi la varietà di parole presenti, tanto maggiore sarà lo sforzo richiesto al lettore per la lettura. Il rapporto tra *types* e *tokens* è ottenuto dividendo i primi per i secondi. Sui termini chiave della linguistica computazionale, si veda: Sara Laviosa, *L'approche basée sur le corpus / The Corpus-Based Approach*, «META», 43, 4 (1998).

nuali e automatiche per controllare e ricontrollare i dati per eventuali discrepanze e/o discrasie. I dati delle tabelle sono infatti il risultato di alcuni aggiustamenti e controlli incrociati; il *RCC* contiene commenti e reazioni agli articoli pubblicati prevalentemente sulle edizioni online de *La Repubblica*, il *Corriere della Sera*, *La Stampa*, *The Guardian* e *The Independent*. È opportuno sottolineare che non tutti gli articoli presenti nel *RCC* offrono la possibilità di inserire i commenti, il *RCCom* è formato quindi solo dai commenti a una parte degli articoli con una ratio di circa 1/3.

Numero di articoli	
Italiani	Inglesi
941	91

Tab.1 *RCC*

Numero di commenti	
Italiani	Inglesi
4500	500

Tab.2 *RCC*

Numero delle condivisioni	
Italiani	Inglesi
250.000	56.000

Tab.3 *RCC*

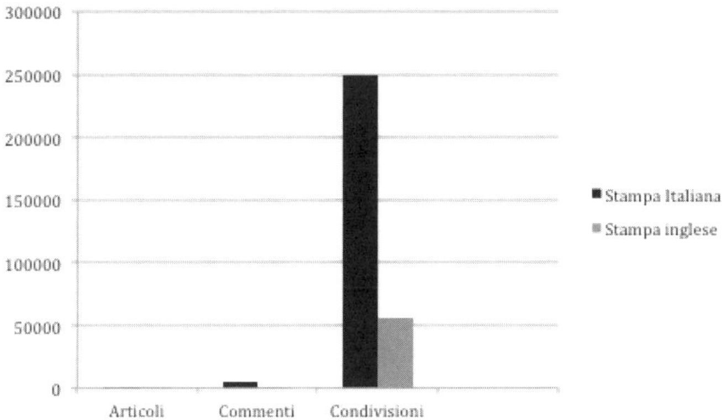

Grafico1 Confronto tra numero di articoli, commenti e *shares*

La linguistica dei *corpora* (o computazionale) si prefigge lo scopo di individuare un campo di analisi e di raccogliere una quantità di enunciati in un *corpus* su cui sia possibile effettuare analisi e ricerche. I *corpora* sono stati interrogati tramite il software Antconc3.2.1, dopo una consultazione quantitativa che ha permesso di creare delle liste di parole con i termini più ricorrenti, quindi si è passati all'analisi dei cotesti (cioè del testo che precede e segue una unità linguistica) per creare una mappa che facesse emergere i campi semantici prevalenti nei commenti. Considerato l'argomento e il contenuto dell'analisi, non sorprende che le aree semantiche delle liste di parole generate contengano termini quali *arabic*/arabo, *muslim*/musulmano, *victim*/vittima, *panic*/panico e *plot*/

complotto, mentre altre (quali *naïve*/ingenuo, *agitator*/agitatore) sono sicuramente maggiormente meritevoli di attenzione. I commenti rinforzano le aree semantiche che fanno oscillare la figura del ricercatore italiano tra due poli: quello della vittima e quello dell'eroe. In particolare, i dati provenienti dai due *corpora* (sebbene con numeri diversi) si coagulano attorno ai seguenti dati:

RCComIt	***RCComEn***
vittima (*cospirazione*, *spia*, *servizi segreti*, *polizia*, ecc..)	victim (*illusion*, *poor*, *naïve*, ecc..)
Paura dell'islam/terrorismo (*musulmano*, *fanatici*, *arabo*, *primavera*, *attentati*, ecc..)	Islamophobia/terrorism (*military*, *dictatorship*, *rule*, *Egypt rules*, *terror*, ecc..)
Ricerca e la "pista Cambridge" (*ricerca*, *ricercatore*, *professoressa*, *accademia*, *dottorato*, *università*, ecc..)	Regeni's political views (*leftish*, *political*, *agitator*, ecc..)

Le figure 1-6 mostrano quanto sia importante affiancare l'analisi quantitativa a quella qualitativa sia del contesto che del cotesto. I testi si configurano come l'esemplificazione di quello che Halliday definisce il potenziale di significato complessivo del sistema in un particolare contesto;[196] rivestono quindi una valenza per coloro che li adoperano sull'asse dei contesti nei quali sono usati, creati e interpretati. Contemporaneamente, in quanto forme e come emblematici di funzioni testuali, contengono una storia e sono i prodotti di processi materiali e semiotici complessi e stratificati. Tali processi possono essere amplificati anche dal semplice accostamento con un'immagine di grande impatto. I testi inoltre costituiscono anche delle risorse che usiamo per creare significati in contesti diversi tra di loro, per creare dei legami con altri, storie con testi precedenti che parlano tra di loro.

Nella figura 1, l'utente *Apocalypse Now* afferma infatti che l'episodio insegnerà a lui e altri di non mettere il *lefty noses* negli affari altrui e specialmente, negli affari dei Paesi altrui; la risposta di *Diderot44* è emblematica di un commento sarcastico e sarebbe non ben comprensibile a una mera analisi quantitativa che non tenga in considerazione il cotesto. Il commento della figura 2 è rappresentativo di molti commenti in *RCComEn* nei quali è presente un legame forte tra la 'crudeltà' del regime di al-Sisi e la presupposta 'ingenuità' del giovane ricercatore italiano. Lo scambio tra l'utente *Avoided Cranium* e *DL14* presente nella figura 3 conferma l'immaginario sul cosiddetto *foreign agitator* che non deve intromettersi negli affari altrui. Anche nei commenti di *RCComIt*, è presente l'idea dell'ingenuità di Regeni, di un giovane non consapevole di ciò che stava facendo. Il commento della figura

---

[12] Michael Halliday, *An Introduction to Functional Grammar*, 3ª ediz. revised by Christian Matthiessen, Arnold, London 2004 [ed. orig. 1985].

4 è emblematico di un atteggiamento (ahimè particolarmente presente nel *corpus*) di ignoranza nei confronti del concetto stesso di ricerca, del ruolo e del valore che la stessa possa avere in contesti quali quello egiziano. È importante notare come i commenti della figura 4 siano la conseguenza della serie di articoli pubblicati dal *La Repubblica* nell'ottobre 2017 dove si attribuivano delle colpe ben precise alla tutor di Regeni, la professoressa Maha Abdelrahman. Diversa la posizione che emerge nei commenti della figura 5 dove si oscilla tra il tentativo di dare dignità al Paese e la consapevolezza che il caso Regeni diventerà l'ennesimo mistero italiano nel quale interessi nazionali avranno la meglio rispetto a valori quali dignità e giustizia. Interessante la posizione espressa dall'utente *Buongiorno Egitto* nella figura 6. L'utente si rivolge direttamente a Vittorio Feltri fornendo dei dati a supporto del presunto complotto tra Inghilterra e Francia a discapito dell'Italia nel tentativo di minare i rapporti tra i due paesi. Rapporti che, come delinea Elisabetta Brighi nel saggio presente in questo volume, non avevano bisogno di Regeni per essere attenzionati.

Emerge con chiarezza sia dall'analisi qualitativa che quantitativa del *corpus* come vi sia un profondo legame tra l'immaginario e la creazione/ripetizione di determinate narrazioni nella stampa. Tale aspetto è particolarmente rilevante quando vi sono in gioco, come nel caso Regeni, diversi 'argomenti caldi' quali le relazioni internazionali, la morte di un giovane ricercatore, la funzione e il valore della ricerca. Si crea in tal caso un immaginario mediale che è veicolato attraverso numerosi dati che spesso sono il frutto non di fonti attendibili ma di 'voci' e/o commenti a fatti che ancora non sono stati chiariti, a domande che rimangono senza risposta e che, inderogabilmente, necessitano chiarezza.

Apocalypse Now

752 days ago

No doubt will teach him, and others, not to stick their lefty noses in other country's business.

Reply · Share · 1 reply -10 likes

Diderot44

752 days ago

The business being state sponsored torture and murder. Just up your street!

Reply · Share +6 likes

Figura 1 – Commento dicembre 2016.

Azimuth

752 days ago

Egypt is toxic and deadly, more so for Westerners. In an Egypt ruled by al-Sissi's military dictatorship, he made common cause with trade unionists. He died of naiveté. RIP

Reply · Share +8 likes

Figura 2 – Commento marzo 2016.

Figura 3 – Commento giugno 2017.

Figura 4 – Commento ottobre 2017.

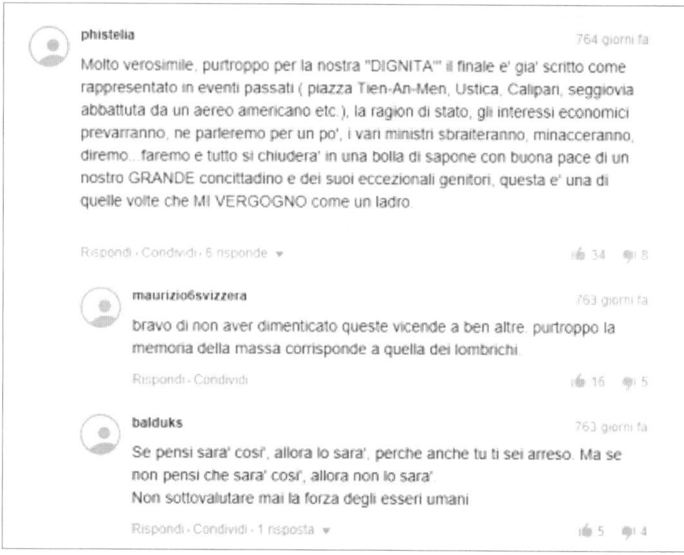

phistelia 764 giorni fa

Molto verosimile, purtroppo per la nostra "DIGNITA'" il finale e' gia' scritto come rappresentato in eventi passati (piazza Tien-An-Men, Ustica, Calipari, seggiovia abbattuta da un aereo americano etc.), la ragion di stato, gli interessi economici prevarranno, ne parleremo per un po', i vari ministri sbraiteranno, minacceranno, diremo...faremo e tutto si chiudera' in una bolla di sapone con buona pace di un nostro GRANDE concittadino e dei suoi eccezionali genitori, questa e' una di quelle volte che MI VERGOGNO come un ladro.

Rispondi · Condividi · 6 risponde 34 8

maurizio6svizzera 763 giorni fa

bravo di non aver dimenticato queste vicende a ben altre. purtroppo la memoria della massa corrisponde a quella dei lombrichi.

Rispondi · Condividi 16 5

balduks 763 giorni fa

Se pensi sara' cosi', allora lo sara', perche anche tu ti sei arreso. Ma se non pensi che sara' cosi', allora non lo sara'.
Non sottovalutare mai la forza degli esseri umani

Rispondi · Condividi · 1 risposta 5 4

Figura 5 – Commento luglio 2016.

Buongiorno Egitto

Gentilissimo Vittorio Feltri.
Da più di un anno molti media italiani addossano ai servizi egiziani la responsabilità dell'omicidio Regeni. A parte i milli dubbi che questa vicenda porta con se, credo che nessuno possa ritenere i servizi egiziani formati da sprovveduti e incompetenti. Tuttavia nessun giornalista ad oggi si è soffermato su un particolare che trovo estremamente indicatvo del fatto che i servizi egiziani non siano responsabili della sorte di Regeni.
Quando il corpo del ricercatore fu ritrovato, i genitori ovviamente si precipitarono al Cairo e nell'appartamento occupato da Giulio trovarono il suo computer che venne in fretta e furia fatto rientrare in Italia come bagaglio diplomatico (a quanto mi risulta).
Ora io dico: a Lei pare possibile che Regeni sia stato sequestrato, torturato e ucciso dai servizi egiziani nel tentativo di fargli confessare chissà quale segreto e che nessuno nei lunghi giorni del sequestro abbai avuto l'idea di fare un salto a casa sua per vedere se teneva nel suo appartamento qualcosa di compromettente, o per cercare il pc che evidentemente da ricercatore universitario doveva avere?
I servizi segreti egiziani sono universalmente ritenuti molto attenti e competenti.
E scivolano su un dettaglio del genere?
No, qualcosa non quadra.
Invece, sapendo che Regeni era "attenzionato" (quanto odio questa parola!) dai servizi egiziani, è plausibile supporre che altri lo abbiano sequestrato e che sapendo che la sua abitazione era sorvegliata dai servizi egiziani, abbiano dovuto rinunciare al bliz nel suo appartamento.
Il Caso Regeni sta, giorno per giorno, diventando una spy story degna di Forsyth, ma la maggior parte dei media italiani da subito ha attribuito la responsabilità di quel barbaro omicidio al governo di El-Sisi, provocando una crisi diplomatica col nostro paese di cui è l'Italia a pagare le conseguenze più gravi. Cosa sta dietro a questo immediato giudizio senza processo? Da questa crisi diplomatica hanno beneficiato soprattutto Fancia e Inghilterra, quella stessa Inghilterra dove ha sede Cambridge, ossia l'università che controllava l'operato di Regeni, e Amnesty International, la ONG che in Italia (ma non in Inghilterra) si è data tanto da fare per minare i rapporti tra Egitto e Italia.
Giulio Andreotti diceva che a pensare male si fa peccato ma spesso ci si prende!
Grazie della sua attenzione

Figura 6 – Commento settembre 2016.

GLI AUTORI

Gilbert Achcar è professore ordinario di Development Studies e Relazioni Internazionali alla School of Oriental and African Studies (SOAS) dell'Università di Londra. Prima di insegnare alla SOAS, ha lavorato in diverse università e centri di ricerca a Beirut, Berlino e Parigi. Tra i suoi libri, pubblicati in quindici lingue, si segnalano: *The Clash of Barbarisms: The Making of the New World Disorder* (2002, 2006); *Scontro tra barbarie* (2006); *Perilous Power: The Middle East and U.S. Foreign Policy*, scritto assieme a Noam Chomsky, (2007, 2008); *Potere pericoloso* (2007); *The Arabs and the Holocaust: The Arab-Israeli War of Narratives* (2010); *Marxism, Orientalism, Cosmopolitanism* (2013); *The People Want: A Radical Exploration of the Arab Uprising* (2013); and *Morbid Symptoms: Relapse in the Arab Uprising* (2016).

Elisabetta Brighi è *Senior Lecturer* in Relazioni internazionali all'Università di Westminster (Londra). I suoi interessi di ricerca ruotano principalmente intorno alla teoria politica della violenza, in particolare gli approcci teorici mimetici e il rapporto tra emozioni, politica e violenza. A questi temi ha dedicato il libro *The sacred and the political* (2016) e l'articolo *The Globalisation of Resentment* (2016). Esperta di politica estera italiana, ha pubblicato la monografia *Foreign Policy, Domestic Politics and International Relations: the case of Italy* (2013) e, più recentemente, *Italy in the Middle East and Mediterraean* (2017).

Mariavita Cambria è professoressa associata di Linguistica inglese e traduzione presso il Dipartimento di Civiltà antiche e moderne dell'Università degli studi di Messina. Si occupa di linguistica multimodale, analisi del discorso, studi irlandesi e varietà della lingua inglese. Su questi temi ha pubblicato varie monografie, tra cui *Irish English* (2012) e numerosi saggi su riviste nazionali e internazionali.

Lorenzo Casini Ricercatore di Lingua e letteratura araba presso il Dipartimento di Civiltà antiche e moderne dell'Università degli studi di Messina e vicepresidente della Società per gli studi sul Medio Oriente – Sesamo (2017-2019). Si occupa di studi culturali, di romanzo arabo e di poesia dialettale egiziana. Sulla narrativa egiziana contemporanea ha pubblicato *Fuori degli argini. Racconti del '68 egiziano* (2003) e *Modernità arabe. Nazione, narrazione e nuovi soggetti nel romanzo egiziano* (2012), scritto assieme a Maria Elena Paniconi e Lucia Sorbera.

Francesco De Lellis ha concluso il dottorato presso il Dipartimento di Asia, Africa e Mediterraneo dell'Università degli studi di Napoli L'Orientale, con una tesi sul movimento contadino egiziano e l'attivismo di sinistra in prospettiva storica. Si occupa di temi legati alle rivoluzioni arabe, alle mobilitazioni sociali e alle questioni agrarie in Nord Africa. Suoi contributi sono apparsi o sono in via di pubblicazione su *Review of African Political Economy*, *Studi Magrebini*, *Politics* e *Rapporto sulle economie del Mediterraneo* 2019.

Gianni Del Panta è assegnista di ricerca presso il Dipartimento di Scienze sociali, politiche e cognitive dell'Università degli studi di Siena. I suoi principali interessi di ricerca si concentrano sui regimi non-democratici, i processi rivoluzionari, le transizioni di regime e il movimento dei lavoratori, con particolare attenzione al contesto nordafricano. Ha recentemente pubblicato *L'Egitto tra rivoluzione e controrivoluzione: Da piazza Tahrir al colpo di stato di una borghesia in armi* (2019). Alcuni dei suoi articoli sono comparsi su riviste scientifiche come *Government and Opposition*, *Democratization*, e *Italian Political Science Review.*

Daniela Melfa Professore associato di Storia e istituzioni dell'Africa presso il Dipartimento di Scienze politiche e sociali dell'Università degli studi di Catania e presidente della Società per gli studi sul Medio Oriente – Sesamo (2017-2019). Specialista di storia contemporanea della Tunisia, ha pubblicato *Migrando a sud. Coloni italiani nel protettorato tunisino 1881-1939* (2008) e *Rivoluzionari responsabili. Militanti comunisti in Tunisia 1956-93* (2019).

Maria Elena Paniconi è ricercatrice di Lingua e letteratura araba presso il Dipartimento di Studi umanistici dell'Università degli studi di Macerata. Si occupa principalmente di romanzo arabo con una particolare attenzione ai dibattiti sulla modernità. Tra le sue pubblicazioni si ricordano: *Modernità arabe. Nazione, narrazione e nuovi soggetti nel romanzo egiziano,* scritto con Lorenzo Casini e Lucia Sorbera, (2012) e la curatela della traduzione italiana di *Adib. Storia di un letterato* di Taha Husayn (2017). Collabora alla nuova edizione dell'*Enciclopedia dell'Islam* con varie voci su autori egiziani contemporanei.

Teresa Pepe è professore associato in Arabistica presso il Dipartimento di studi Culturali e Lingue Orientali dell'Università di Oslo. La sua attività di ricerca riguarda in particolare la letteratura araba moderna e contemporanea, la relazione tra media e produzione culturale e la storia concettuale. È autore del libro *Blogging From Egypt: Digital Literature (2015-2016)* (2019). Ha pubblicato diversi articoli sulle riviste accademiche *Oriente Moderno*, *Lingue e Letterature d'Oriente e d'Occidente*, e il *Journal of Arabic and Islamic Studies.*

Paul Starkey Specialista di Letteratura e cultura araba, con un interesse particolare per l'Egitto e il Levante. È stato direttore del Dipartimento di Arabo all'Università di Durham, nel Regno Unito, e fino al 2018 vicepresidente della British Society for Middle Eastern Studies. Tra le sue ultime pubblicazioni: *Sonallah Ibrahim: Rebel with a Pen* (2016). Ha tradotto in inglese numerosi romanzi arabi, tra cui quello dello scrittore egiziano Youssef Rakha, *The Book of the Sultan's Seal* (2014), cui è stato assegnato il premio Saif Ghobash Banipal 2015 per la traduzione.

LE TRASLITTERAZIONI DEI NOMI ARABI E I TITOLI ORIGINALI DEI ROMANZI

Per rendere più scorrevole la lettura ai non specialisti, i nomi arabi di luogo e di persona sono stati scritti secondo la versione più diffusa in lingua italiana che in alcuni casi, però, si discosta notevolmente dalla pronuncia dell'originale arabo. Sempre per ragioni di scorrevolezza, si è deciso di riportare i titoli delle opere letterarie citate in lingua italiana, senza menzionare tutti i titoli originali.

Nelle tabelle che seguono i nomi e i titoli originali delle opere vengono riportati invece secondo i criteri di traslitterazione scientifica adottati dall'International Journal of Middle East Studies (IJMES).

Nomi di persona:
Abbas, Kamal ('Abbās, Kamāl)
Abdel Aziz, Basma ('Abd al-'Azīz, Basma)
Abdel Nasser, Gamal ('Abd al-Nāṣir, Jamāl)
Abdel Quddous, Ihsan ('Abd al-Quddūs, Iḥsān)
Abu Eita, Kamal (Abū 'Ayṭa, Kamāl)
Bouazizi, Mohammed (al-Bū'azīzī, Muḥammad)
al-Borai, Ahmed Hassan (al-Bura'ī, Aḥmad Ḥasan)
El Baradei, Mohammed (al-Barādi'ī, Muḥammad)
Eltoukhy, Nael (al-Ṭūkhī, Nā'il)
Fathi, Amal (Fatḥī, Amal)

Haftar, Khalifa (Ḥaftar, Khalīfa)
Al-Hakim, Tawfiq (al-Ḥakīm, Tawfīq)
Khoury, Elias (Khūrī, Ilyās)
Ibrahim Fahmi, Ismael (Ibrāhīm Fahmī, Ismā'īl)
Ibrahim, Sonallah (Ibrāhīm, Ṣun' Allāh)
Imam, Tareq (Imām, Ṭāriq)
Iskandar, Wael (Iskandar, Wā'il)
Issa, Ibrahim ('Īsā, Ibrāhīm)
Mahfuz, Nagib (Maḥfūẓ, Najīb)
Mansour, Adly (Manṣūr, 'Adlī)
Megawer, Hussein (Mujāwir, Ḥusayn)
Metwaly, Ibrahim (Mutawallī, Ibrāhīm)
Morsi, Mohammed (Mursī, Muḥammad)
Mubarak, Hosni (Mubārak, Ḥusnī)
Moussa Amr (Mūsā, 'Amr)
Nàgi, Ahmed (Nājī, Aḥmad)
Naut, Fatma (Nā'ūt, Fāṭima)
Nazif, Ahmed (Naẓīf, Aḥmad)
Nawwar, Salah (Nawwār, Ṣalāḥ)
Rabie, Mohammad (Rabī', Muḥammad)
Sabahi, Hamdeen (Ṣabāḥī, Ḥamdīn)
al-Sadat, Anwar (al-Sādāt, Anwar)
Salmawy, Mohammed (Salmāwī, Muḥammad)
al-Silmi, Ali (al-Silmī, 'Alī)
al-Sisi, Abdel Fattah (al-Sīsī, 'Abd al-Fattāḥ)
Shafiq, Ahmed (Shafīq, Aḥmad)
al-Taher, Tarek (al-Ṭāhir, Ṭāriq)
Tawfiq, Ahmed Khaled (Tawfīq, Aḥmad Khālid)
Tawfiq, Hani Salah (Tawfīq, Hānī Ṣalāḥ)
Telmissany, May (al-Talmisānī, Mayy)
Wali, Youssef (Wālī, Yūsuf)
al Wardany, Mahmud (al-Wardānī, Maḥmūd)
Yehia Rashed, Mohammed (Yaḥyā Rāshid, Muḥammad)
al-Zorkany, Ayman (al-Zurqānī, Ayman)

Nomi di luogo:
Beheira (al-Buḥayra)
Beni Abeid (Banī 'Ubayd)
Helwan (Ḥilwān)
Kafr al-Dawwar (Kafr al-Dawwār)
Ismailia (Ismā'īliyya)
Mahalla al-Kubra (al-Maḥalla al-Kubrā)
al-Minya (al-Minyā)
al-Mansura (al-Manṣūra)
Midan Talaat Harb (Maydān Ṭal'at Ḥarb)
Midan al-Tahrir (Maydān al-Taḥrīr)
Al Omareya (al-'Umariyya)
Porto Said (Būr Sa'īd)
Qena (Qinā)
Qutat Qarun (Qūtat Qārūn)
Rabaa al-Adawiyya (Rābi'a al-'Adawiyya)
Sarando (Sārāndū)
Sersu (Sirsū)
Sharm El-Sheikh (Sharm al-Shaykh)
Sidi Bouzid (Sīdī Bū Zīd)
Tahsin (Taḥsīn)
Tusun (Ṭūsūn)

Titoli originali delle opere letterarie citate:
Diario di un procuratore di campagna (Yawmiyyāt nā'ib fī al-aryāf)
La fila (al-Ṭābūr)
La storia dei blog; dal post al tweet (Ta'rīkh al-mudawwanāt: min al-būst ilā al-twīt)
La tomba di mio padre (Ḍarīh Abī)
Le donne di Karantina (Nisā' al-Karantīnā)
Le stagioni di Zhat (Dhāt)
Mercurio ('Uṭārid)
Sette lezioni tratte da Ahmed Mekky (Sab' durūs mustaqāt min Aḥmad Makkī)
Utopia (Yūtūbiyā)
Vita: istruzioni per l'uso (Istikhdām al-ḥayā)

INDICE

I LIBRI PIÙ RECENTI DELLA COLLANA LA PICCOLA

79. Biagio Guerrera **Amàri**
80. Mario Valentini **Come un sillabario**
81. Vincenzo Pirrotta **Guasta semenza**
82. Nino De Vita **A ccanciu ri Maria**
83. **Nino De Vita** *Antologia (1984-2014)*
84. Mahmud Darwish **Il giocatore d'azzardo**
85. Luca Salza **Il vortice dei linguaggi**
86. Tezer Özlü **Vecchio giardino, vecchio amore**
87. Danilo Dolci **Poema umano**
88. Gianni Bonina **Cronaca di Catania**
89. Gianni Bonina **Morte a debito**
90. Domenico Conoscenti **Quando mi apparve amore**
91. Eugenio Vitarelli **Sireine** *e altri racconti*
92. Marilena Renda **Regali ai fantasmi**
93. Nino De Vita **Sulità**
94. Mario Valentini **Così cominciano i serial killer** *Una sarabanda*
95. Samir Toumi **Lo specchio vuoto**
96. Nino De Vita **Tiatru**
97. Peyami Safa **Quel tram di Istanbul**
98. Domenico Brancale **Scannaciucce**
99. Enzo Mancuso **Sfrimma**
101. Davide Ruffini **Tutti assenti** *Un anno di scuola in campagna*

Finito di stampare nel gennaio 2020
su carta Bioprima Book
Fabriano di Fedrigoni S.p.A.

FSC www.fsc.org FSC® C015523

TOTAL CHLORINE FREE GUARANTEED

per i tipi della Faccini Officine Grafiche s.r.l. – Messina